汉译世界学术名著丛书

为什么我不是基督教徒

宗教和有关问题论文集

〔英〕罗素 著

徐奕春 胡溪 渔仁 译

商务印书馆
创于1897
The Commercial Press

Bertrand Russell
WHY I AM NOT A CHRISTIAN
and Other Essays on Religion and Related Subjects
© 1996 The Bertrand Russell Peace Foundation Ltd Routledge 2004
根据卢德里奇出版社 2004 年版译出

汉译世界学术名著丛书
出 版 说 明

我馆历来重视移译世界各国学术名著。从20世纪50年代起，更致力于翻译出版马克思主义诞生以前的古典学术著作，同时适当介绍当代具有定评的各派代表作品。我们确信只有用人类创造的全部知识财富来丰富自己的头脑，才能够建成现代化的社会主义社会。这些书籍所蕴藏的思想财富和学术价值，为学人所熟知，毋需赘述。这些译本过去以单行本印行，难见系统，汇编为丛书，才能相得益彰，蔚为大观，既便于研读查考，又利于文化积累。为此，我们从1981年着手分辑刊行，至2012年年初已先后分十三辑印行名著550种。现继续编印第十四辑。到2012年年底出版至600种。今后在积累单本著作的基础上仍将陆续以名著版印行。希望海内外读书界、著译界给我们批评、建议，帮助我们把这套丛书出得更好。

商务印书馆编辑部
2012年10月

目 录

卢德里奇名著版前言 …………………………………… 1
编者引言 ………………………………………………… 10
序言 ……………………………………………………… 16
一、为什么我不是基督教徒 …………………………… 19
二、宗教对文明作出过有用的贡献吗？ ……………… 39
三、我们死后灵魂还能存活吗？ ……………………… 61
四、好像，母亲？不，是这样就是这样 ……………… 67
五、论天主教与新教的怀疑论者 ……………………… 77
六、中世纪的生活 ……………………………………… 86
七、托马斯·潘恩的命运 ……………………………… 91
八、正派人 ……………………………………………… 106
九、新的一代 …………………………………………… 114
十、我们的性道德 ……………………………………… 124
十一、自由与学院 ……………………………………… 134
十二、上帝的存在——伯特兰·罗素与耶稣会F.C.科普尔斯顿神甫的辩论 ………………………………… 146
十三、宗教能医治我们的毛病吗？ …………………… 177

十四、宗教与道德……………………………………… 188

附录　伯特兰·罗素是如何被阻止在纽约市立
　　　学院任教的………………… 保罗·爱德华兹　190
索引……………………………………………………… 235

卢德里奇名著版前言

《泰晤士报》曾在伦敦报道过1927年3月初的那些平静的日子。在英国中部诸郡，追猎只不过是件普通的事情，但是在伦敦，追查匿名电话，却有希望找回属于布鲁斯·伊斯梅夫人的那条被人偷走的价值2万英镑的项链。花73英镑10先令，教会旅游者俱乐部就会把你带到巴勒斯坦、埃及、雅典和君士坦丁堡。有许多招聘客厅侍女的广告，但几乎没有关于教会游的广告，因为不算豪华的教会游的价格相当于整整一年的薪水。许多给《泰晤士报》主编的信都谈到有人所提议的对祈祷书的改造；的确，诺里奇的主教举行了一个关于这种改造的专门会议（"主持会议的H. R. 阿代尔准将说，人们要的不是一本新的祈祷书，而是一本戒律书"）。一些教会事件被广泛地报道。①

《泰晤士报》唯一没有公之于众的事件大概就是3月6日全国世俗协会南部伦敦分会在巴特西市政厅举行的星期日演讲，而且它后来对此也没有报道。这篇演讲就是《为什么我不是基督教徒》，它

---

① 有些东西没有变。外交大臣奥斯汀·张伯伦爵士在议会中宣布，他有两个不容置疑的证据可以证明使他的党执政的那封著名的季诺维也夫书信不是伪造的。不幸的是，他无权透露这些证据。这很自然，因为提供这些证据的正是外交部和一些安全部门，它们在最初泄露这封信之前，很可能已经叫人对它进行了篡改。

是伯特兰·罗素关于宗教的许多著作中最著名、最率直的著作。

将罗素的那篇演讲以及后来关于宗教的著作斥为肤浅、鄙俗、不能达到论题的深处,一直是件时髦的事情。其实,罗素那屈尊俯就的傲慢态度就表明,如果宗教只是迷信的话,那么罗素的话大概应该是中肯的。但宗教不是迷信,罗素的话并不中肯。最早的这种抨击来自同年8月刚刚成为宗教徒的T.S.艾略特,见于他主编的杂志《标准月刊》。① 因为艾略特几乎预料到了后来的批判,我将像他提出各种问题那样集中精力探讨这些问题。

艾略特抓住罗素的话:"我认为,人们接受宗教的真实原因同论证根本没有什么关系。他们接受宗教是由于情感的原因。"艾略特说:"尽管他没有明确地说他自己的宗教也完全是以情感为基础,但是我确信他会承认这一点。"艾略特鄙夷地援引罗素用以结束其演讲的那番动情的话,引用结束语"我们应该自立,客观公正地观察世界……用智慧征服世界,而不是一味奴隶般地慑服于世界……",轻蔑地说,罗素很喜欢站起来而不是坐下,他的话会"打动使用和他本人相同的时髦语的那些人的心"。

艾略特短暂的强烈反对经历了三个阶段。他同意罗素的看法,认为恐惧(罗素把它看作是推进宗教的力量)一般说来是件坏事。但是他强调,有经验的神学家会把好的恐惧与坏的恐惧区分开来,并坚持认为,对上帝的适当畏惧是一件与对盗贼、破产或蛇的畏惧大不一样的事情。他没有作任何进一步的详细说明,但我们可以猜想到,他把对上帝的畏惧当成了消除存在主义的恐惧,亦

---

① 《标准月刊》(*The Monthly Criterion*),第6期,1927年8月,第177页。

即对无限性、在一个没有是非观念且毫无意义的世界里迷失方向的恐惧的某种方法。

艾略特进而指出，罗素的论证全都很常见。这在某种意义上是真实的，如若我们读过休谟、康德或费尔巴哈的著作的话，然而几乎没有人会宣称，自己也像艾略特所说的那样，记得原因倒推问题(罗素说，这个问题他是从穆勒那里获知的)"是我六岁时一个虔诚地信奉天主教的爱尔兰保姆向我提出的"。但是，即使艾略特是对的，因为罗素的文章没有哲学上的原创性，艾略特暗示论证因为常见而有一点儿不太好，好像它们因此丧失了支配我们的信仰的权利似的，却是错的。

最后，更为重要得多的是，艾略特宣称，罗素应当承认，重要的不是你说些什么，而是你是怎么做的，因而"无神论往往只是各种基督教教义"。艾略特说，有许多种无神论，例如"马修·阿诺德的高教会派无神论"或"D. H. 劳伦斯先生的马口铁壁龛无神论"。艾略特最后说："正如罗素先生政治上的激进主义只是各种辉格党党义一样，他的非基督教精神也只是各种低教会派感情。这就是为什么他的小册子是一个古怪而又乏味的文件的原因。"艾略特的抨击似乎可以反常地与在长达七十五年多的时间里受过罗素的文章鼓舞的许多人本主义者、不可知论者、自由主义者、无神论者无关。但是艾略特的抨击值得关注，这不仅是因为它预示罗素的文章不得不经历的变迁的来临，而且还因为在许多方面，它比罗素更使我们接近于现代世界。这并不意味着艾略特在任何一场理智辩论中赢得了胜利(远非如此)，而是意味着他令人满意地暗示了这样一种文化氛围：它会迫使罗素的启蒙理性主义为空气而斗争，而且在某些人看来,它会使罗素的启蒙理性主义永远灭绝。

所以考虑一下艾略特的那个通俗的重要论点:如果情感使得人们接受宗教信仰的话,那么情感同样也为拒斥宗教信仰提供根据。乍看起来这似乎是个巧妙的回答,使罗素搬起石头砸自己的脚。但是看第二眼时它就完全不像初看上去那样巧妙了。我们大家都相信"不存在任何……"这种多得不计其数的命题:我们相信,不存在任何牙仙子,或者,任何像圣诞老人或福尔摩斯这样的人。的确,对于这种事物的相信也许非常稀奇古怪,在很大程度上同我们视之为我们对世界的理解的主要部分相反,可算得上是一种欺骗。另外,在没有长篇小说的情况下,我们"进入"被骗者心灵的唯一方法就是假定他们为各种强大的情感力量,即信仰的各种无意识决定因素所控制,信仰的这些无意识决定因素只讲被骗者的心灵,根本不讲世界上会有什么。因此不能得出以下错误的结论:相信不存在像上面所提到的那些人物这样的事物的普通心态,需要一种类似的情感解释。相反,它完全而且令人满意地为我们对世道常情的敏感性所解释,世界上不存在这样的事物。

虽然就目前情况来说,这是正确的,但它并没有使我们认真考虑事情的实质。因为有了对于显然是真实的东西的一致意见,我们也会发现对于可将其诊断为奇特力量受害者的那种人的一致意见:他们相信其他的东西。当基督教是那种一致意见时,被认为是奇特力量受害者的就是无神论者。"愚顽人心里说:'没有上帝'"①这句经文常常被用来证明:无神论与其说是一种理智上的不得已状态,

---

① 见《圣经·诗篇》第一卷第十四篇第一节。——译者

还不如说是由于持自由思想的无神论者想要逃脱自己的良心而造成的一种堕落状态。① 假若没有一致意见,但却有基督教徒与无神论者之间的辩论,双方都会用机械论来解释对方的愚昧。所以,情感诊断的引入并不能对任何一方的辩论有所促进,除非一方确实拥有那种应当被不偏不倚地看作是比另一方更好的诊断的东西。

然而,艾略特暗示某种更为激进得多的东西。他似乎认为,做一个基督教徒根本不是一个相信什么的问题(那会使相信什么只是成为迷信)。他的意思是说,这纯粹是个对世界,而且可能是对一些经文持某种情感态度的问题。有一次,艾略特在哈佛大学谈到他那年迈的老师时说:"(他)是个真正的无神论者,同时实质上也是个最正统的基督教徒。"这听起来绝对荒谬,为什么不用"佛教徒"、"印度教徒"、"什叶派教徒"或"逊尼派教徒"来代替呢?艾略特准是在谈论某种共有的情感,亦即可能是几乎任何人——不管他们声称具有什么信念——都共有的一种人性的最低共同点。似乎你们可以说:一切宗教(以及无神论)都宣扬爱,所以让我们对它们加以辨认。这种乏味的普世教会主义也是现代世界的一部分。它也许像解决宗教冲突的方法一样讨人喜欢,但是除了其他什么事情以外,它使得了解基督教的历史成为不可能,在基督教的历史上,人们曾因是否有圣餐变体、上帝与人之间的实体同一、行动救赎或命定这种事情而情绪激奋地相互处以火刑。

对于罗素来说,辨认基督教徒所相信的东西是件相当简单的

---

① 艾伦·查尔斯·科尔斯:《无神论在法国,1650 年至 1729 年》(*Atheism in France*, 1650—1729),新泽西州普林斯顿:普林斯顿大学出版社,1990 年。

事情。至少,他们信仰上帝、灵魂不朽,相信基督是最优秀、最有智慧的人。它不像清单一样可以浏览。罗素耐心地解说他所说的基督教徒的含义,而艾略特在这方面偏偏很随意。艾略特辩解说,重要的不是你的言辞,而只是你的行为。在艾略特看来,某个人可能会说他们相信这些东西,或者可能会说他们不相信这些东西。但是接下来在察看他们对自己选择的那种言辞所作的解释时,则出现了真正的问题。那时候,罗素肯定是赞同这样一种观点的:一个人的精神生活完全展现在其行为之中。现在人们并没有非常清楚地看出他不同意这种观点。但是它揭示了解释或解释学的整个问题,因为在一个人的语言行为和非语言行为的旋涡中,哪里有叫我们或者把他们看作是相信某个东西,或者把他们看作是不相信某个东西的那些固定点?如果,不管其受害者竭力否认,艾略特还是把罗素看作是低教会派信徒,那么,什么可以证明他是错的呢?当明确的意思消失在一大堆相互抵牾的解释之中时,现代之弦再次被敲响。

但是像情感游戏一样,这是一种两人能玩的游戏。如果反过来,罗素想把艾略特看作是一个彻底的无神论者,而这个无神论者刚好喜欢背诵各种各样的话语,或者喜欢参观各种各样的建筑物,那么,什么可以证明他是错的呢?如果不确定性规则可以证明他是错的,那么,我们就能把艾略特悖论颠倒过来描述他:像所有正统的基督教徒一样,他同时实质上是一个真正的无神论者。

罗素曾区分宗教中的三个要素:教会、信条或一套教义、宗教感情。众所周知,虽然他毫不留情地抨击作为一个组织的教会,并坚持认为宗教信条对于任何一个有推理能力的人来说简直是不可相信的,但他自己却不但承认宗教感情,而且在其一生中的许多时期都使它们成为对于他的世界观念和他在世界中的地位来说乃是绝对重要的东西。完全进入老年后,他总是悲叹他的理智所告诉他的东西与他在情感上想要相信的东西之间的距离:

> 我总是非常想为由某些似乎存在于人类生活之外,而且似乎应当有敬畏感的事物所激发的情感,找一些正当的理由。所以,我的直觉与人本主义者相同,但我的情感却激烈反抗。在这方面,"哲学的慰藉"对我并不适用。①

罗素曾撰文叙述他从事哲学研究的两个缘由:"希望找到某种能够被公认为无疑是真正的知识……希望找到宗教冲动方面的某种乐趣"。② 罗素的女儿凯瑟琳·泰特写道:"从秉性上说,他是个极度虔诚的人"。③ 他早年曾写信给他第一任妻子艾丽丝,说他很钦佩斯宾诺莎,因为斯宾诺莎宣传一种"建立在一种广泛的、未下定义的神秘主义基础上的富有的、骄奢淫逸的禁欲主义"。④

---

① "我的心智的发展"('My Mental Development'),载于《伯特兰·罗素的哲学》(*The Philosophy of Bertrand Russell*),保罗·席尔普(Paul Schilpp)编,伦敦:剑桥大学出版社,1944年,第19页。

② "我为何喜欢哲学"('Why I Took to Philosophy'),载于《来自记忆里的肖像,及其他一些文章》(*Portraits from Memory and other Essays*),伦敦:艾伦和昂温出版公司,1956年。

③ 凯瑟琳·泰特:《我的父亲伯特兰·罗素》(*My Father Bertrand Russell*),伦敦:哈考特·布雷斯出版公司,1975年,第184页。

④ 引自肯尼思·布莱克韦尔(Kenneth Blackwell)的《伯特兰·罗素的斯宾诺莎主义伦理学》(*The Spinozistic Ethics of Bertrand Russell*),伦敦:乔治,艾伦和昂温出版公司,1985年,第23页。

由于承认感情及其极端的重要性，但却否定信条并谴责有组织的教会，罗素使自己易于在另外一条战线上招人抨击。宗教语言为什么不应当是宗教感情的最好表达？那确实是它所适合的东西。所以，艾略特著作中的诗人和文学评论家必然会反对罗素幼稚地强行将感情与表达割裂开来的做法（尽管那意味着艾略特并不是一贯拥护上面所辨认的那种乏味的普世教会主义，因为无神论者表达自己思想的方式无疑与基督教徒以及其他的人不一样）。

　　如果感情与表达是一回事，那么，宗教感情就是最好的宗教著作中所表达的关于生命、命运、记忆和丧失的感情。而如果行动使得言辞具有意义，那么，这些著作的持续生命只是散播这些著作并通过赋予它们以适当的历史连续性、适当的庄严和仪式来保留和更新它们的意义的那些教会的生命。如果宗教被看作是一种天衣无缝的实践，那么，罗素的那些分析区别就站不住脚。它们显示出感情、言辞和构成对世界虔诚的态度的仪式本质上的统一。根据这种看法，"我知道我的救赎主活着"这句经文并不是完全说真话或说假话，而是具有在圣诞节唱这句经文（或在教堂里唱这句经文）时所赋予它的任何意义。无论是罗素，还是他之前的无神论者，都没有预见到这种表述。① 然而，即使它是关于虔诚的"信徒"所正在做的事情的正确表述，罗素也许还是能够使自己反对他们的真正而又严肃的道德理由发挥作用。仪式和言辞不是感情的含蓄表达，但却也是禁止和迫害的预兆。

---

　　① 尤其可以参见路德维希·维特根斯坦的《关于美学、心理学和宗教信仰的演讲和谈话》(*Lectures and Conversation on Aesthetics, psychology and Religious Belief*)，西里尔·巴雷特(Cyril Barrett)编，牛津，布莱克韦尔出版公司，1966年。

我们可以把艾略特与罗素的争执看作是预先探讨现代性的那个关于启蒙的长期争论的问题。罗素怀着只是不幸的(即便是异常重要的)前导的感情和情感,强调理性、信仰、真理、科学和分析。罗素认为宗教信仰是简单的信仰,要受或然性、科学、逻辑和历史的审查,而审查后,它们可能会被发现不合格。艾略特把它们与诗歌、感情、情感、表达、传统归为一类,而合理性、科学、分析和或然性却被放逐到边缘。①

因为宗教思想再次甚至争夺有教养的西方的有才智之士,所以在我们所处的这个时代,关于解释的论战仍然在进行。罗素的演讲有一些值得称道的东西,其中之一是他在战场上采取一种态度时所表现出来的那种明确性。凡是持不同立场的人不得不与他正面交锋,这往往需要比艾略特设法搜集的更加充足的论据。

西蒙·布莱克本
2003 年于剑桥大学

---

① 或者也许试图这样做。拿伍尔夫夫人来说,她就常常嘲笑艾略特的英国国教高教会派式的装腔作势。

编 者 引 言

伯特兰·罗素一直是位多产的作家，他的有些最出色的工作包含在一些小册子和为各种期刊撰写的文章中。他的关于宗教的讨论尤其是如此，其中许多在某些理性主义者的圈子以外很少为人们所知晓。在本书中，我收集了这些关于宗教的论文中的许多论文，以及其他一些像《自由与学院》、《我们的性道德》这样一些就论题而言至今仍然很有意义的文章。

尽管罗素因其对诸如逻辑和认识论这样一些纯抽象学科的贡献而深受人们的尊敬，但是我们几乎完全可以猜想到，在未来的岁月中，他同样也会被人们记得是个道德和宗教方面伟大的持异端者。他从来不是一个纯专业哲学家。他总是非常关心各个宗教都已各自作出了回答的那些根本问题——关于人在宇宙中的地位和高尚生活的本质的问题。他对这些问题的论述不乏透辟、机智和雄辩，而且他以才华横溢的散文形式表达自己的思想，他的其他著作就是因为这种透辟、机智和雄辩，以及这种才华横溢的散文体而著名。这些特质使本书所含的文章也许成了自休谟和伏尔泰时代以来表达自由思想家观点的最感人、最优美的文字。

伯特兰·罗素论宗教的书无论什么时候都是值得出版的。目前，我们看到有人正在利用现代广告技术的全部圆滑性掀起一场宗教复兴运动，在这种情况下，重申不信宗教者的观点似乎尤为可取。几年来，在文化修养高、中、低的每一个层次上，我们一直都受到来自每一个角落的神学宣传的狂轰滥炸。《生活》杂志发表社论向我们断言："除了固执己见的唯物主义者和基要主义者外"，进化论和基督教教义之间的论战"已结束多年"；"科学本身……反对那种认为宇宙、生命或人类的形式纯属偶然的观念。"比较有尊严的辩护士汤因比教授告诉我们说，我们"根据世俗的理由，是无法对付共产主义的挑战的"。诺曼·文森特·皮尔、希恩阁下以及其他宗教精神病学教授在拥有千百万读者的报纸专栏中、在畅销的书籍中、在每周对全国播放的无线电广播节目和电视节目中赞美信仰的好处。所有党派的政治家（其中许多人在他们开始竞争公职之前根本就没有因为虔诚而出名）全都确信自己被人们公认为是一个尽本分的、按时去教堂做礼拜的人，而且在他们显示才学的演讲中从来不会忘记提到上帝。在比较好的大学的课堂外面，人们很少能够听到有关这个问题的反面意见。

因为宗教攻势并不局限于大规模的宣传，所以这类不妥协地肯定非宗教主义观点的书籍今天就更加为人们所需要了。在美国，这种宗教攻势也一直表现为多次试图暗中破坏宪法所规定的政教分离，其中获得成功的次数不少。这种试图暗中破坏政教分离的事情太多，在此无法细述；但是两三个实例也许就能足以表明这样一种扰乱人心的趋势，即如果该趋势继续未受阻止，那么，它就会使反对传统宗教的那些人沦为二等公民。例如，几个月前，美国众议院的一个小组委员会在一项两院共同决议中列入了这样一个令人惊奇的提案："忠于上帝"是最优秀的政府工作人员必不可少的先决条件。立法者还正式提出:"任何人以任何身份在政府或政府所属部门供职,都应该有献身于上帝的特点。"这个决议案目前还没有成为法律,但如果对它不加以强有力的反对的话,它很快就会成为法律。另外还有个决议案把"我们信奉上帝"定为美国的国训,该决议案已为两院所通过,现在已是国家的法律了。纽约大学的乔治·阿克斯特尔教授是少数几个敢于对这种做法直言不讳的批评家之一,他在参议院的一个委员会作证时恰如其分地把它们说成是对政教分离原则的"虽然微弱但却值得注意的侵蚀"。

在宪法明令禁止的地方强行注入宗教的企图,绝不仅仅局限于联邦立法中。比如,举一个特别明显的例子,1955年纽约市教育董事会的学校监理会起草的《关于视导员与教师的指导性说明》毫不隐讳地宣称:"公立学校鼓励信仰上帝,承认我国是一个宗教国家的这个简单事实";此外,它还宣称:公立学校"确认上帝是自然和道德法则的终极源泉"。要是通过了这个声明,纽约市学校的课程中恐怕就没有一门学科能逃脱神学的侵扰。甚至像科学和数学这样明显是世俗的课程,也要带着宗教的色彩来讲授。该声明宣称:"科学家和数学家们认为宇宙是个合乎逻辑的、有秩序的、可预言的地方。他们对天穹的广大无垠和绚丽多彩、人类身心的奇妙、大自然的美丽、光合作用的奥秘、宇宙的数学结构或无穷大这个概念的看法,只能导致在上帝的创造物面前卑躬屈膝,俯首听命。人们只能说:'我观看你指头所造的天'。[①]"像"工艺课"那样无害的课程也未能幸免。学校监理会的哲学家们断言:"工艺课

[①] 见《圣经·诗篇》第八篇第三节。——译者

中,对金属成分的奇妙现象、木材的纹理和美、电的各种表现形式,以及人类一直在使用的各种材料的特性的观察,导致关于自然界的设计和有序性以及一种至高无上的力量令人惊奇地工作的臆测。"市民和几个比较开明的宗教团体看到这个报告后勃然大怒,非常愤慨,以至于教育董事会没有办法通过这个报告。后来,经过修改,删去几段最使人反感的段落,该报告才被通过。然而,即便是修改后的报告,其中神学言词也多得使非宗教主义者疾首蹙额,人们只好希望将来在法庭上对其合宪性提出异议。

对于教会利益集团的大多数侵害行为的反对,一直少得惊人。造成这种情况的一个原因似乎是普遍都认为现今的宗教是温和的和宽容的,迫害乃是过去的事情。这是一种危险的错觉。虽然现在的许多宗教领袖无疑是真心赞成自由和宽容的人,而且也是坚决主张政教分离的人,但不幸的是另外还有不少人,如果可能的话仍然会实行迫害,而且他们也确实一有机会就在进行这种迫害。

英国的情况稍微有些不同。英国有国教,在所有的公立学校中宗教教育都是法律认可的。然而,英国人的性格则宽容得多,在社会生活中人们并不怎么顾忌公开自己的非教徒身份。不过,在英国,普通的亲宗教宣传也是非常厉害的,那些比较具有攻击性的宗教团体正在竭力阻止自由思想家们陈述他们的看法。例如,最近的《贝弗里奇报告》建议:英国广播公司应该给持理性主义观点的代表一个发言的机会。英国广播公司虽然正式接受了这个建议,但在实施该建议方面却几乎什么也没有做。玛格丽特·奈特的关于"无宗教的道德"的那些讲话,是在一个重要的论题上提出无宗教信仰者的见解的很少几次尝试之一。奈特夫人的讲话气得三教九流的盲信者大发雷霆,此事似乎吓得英国广播公司只好像从前一样屈从于宗教利益集团。

为了在这个问题上帮助消除自满,我在本书中添加了一个附录,该附录非常详细地记述了伯特兰·罗素是如何被阻止担任纽约市立学院哲学教授的。即使只是为了揭示狂热的宗教徒们当其力图要击败敌人时所乐于使用的那种令人难以置信的歪曲事实和滥用职权的方法,也应该让更多的人知道这个事件的真相。现在要想消除美国世俗性质的人,正是当年成功地阻止任用罗素的那些人。总的说来,他们和英国的那些阻止任用罗素的人,今天比1940年更有权势了。

即便只是为了对伯特兰·罗素本人做到公平合理,我们也应该对市立学院案予以详细的记述,因为他当时曾受到听取诉状的法官和报刊上连篇累牍的文章的恶意中伤。罗素的观点和行为曾是恣意歪曲的对象,因此,不熟悉罗素著作的人必定会对他的主张产生完全错误的印象。我希望这里所讲述的真情,以及重新发表罗素讨论"令人厌恶的"话题的一些实际内容,能有助于澄清是非,以正视听。

本书中有几篇论文承蒙其原出版者慨然允许,才得以重印。在这一点上,我要感谢《为什么我不是基督教徒》和《宗教对文明作出过有用的贡献吗?》的出版者沃茨公司、《我相信什么》的出版者卢德里奇和基根·保罗公司、《我们死后灵魂还能存活吗?》的出版者哈钦森公司、《托马斯·潘恩的命运》的原出版者尼科尔森和沃森公司,以及最早刊登《我们的性道德》和《自由与学院》的《美国信使》月刊。我还要感谢我的朋友安东尼·弗卢教授、鲁思·霍夫曼、希拉·迈耶,以及我的学生玛丽莲·查尼、萨拉·基利恩和约翰·维斯赛德,在编辑此书的过程中他们在许多方面给予我帮助。

最后,我要向伯特兰·罗素本人表示感谢。他一开始就赞同这一计划,他自始至终强烈的兴趣是灵感的主要源泉。

保罗·爱德华兹[①]

1956年10月于纽约市

[①] 保罗·爱德华兹(Paul Edward),纽约市立学院哲学教授。——译者

序　言

　　爱德华兹教授重新出版我的许多有关神学问题的论文，尤其是他写了那篇令人钦佩的前言性评论，使我甚为感激。我特别高兴的是能有这样一个机会重申我在各篇论文所涉及的那些问题上的信念。

　　近几年有个传言，大意是我已经不像从前那样反对宗教的正统观念了。这个传言是毫无根据的。我认为，世界上所有大的宗教——佛教、印度教、基督教、伊斯兰教，以及共产主义——都既有悖于事实又有害。从逻辑上讲，显而易见的是，既然它们的观点不相一致，它们之中就不可能有一种以上是合乎事实的。一个人所信奉的宗教几乎无例外地就是他生活在其中的那个社群的宗教，这就表明：是环境的影响导致他信奉该宗教。诚然，经院哲学家们曾编造出假充逻辑论证的那种理论来证明上帝的存在，而这些论证，或思路大致相似的其他论证，已为许多著名哲学家所接受，但是，这些传统的论证所求助的逻辑乃是亚里士多德的那种陈旧的逻辑，它现在，除了天主教徒这种人以外，几乎已为所有逻辑学家所摒弃。这些论证中有一个论证并不是纯逻辑的。我指的是宇宙设计论论证。然而，该项论证已被达尔文所摧毁；而且，不管怎么说，只有抛弃上帝的全能才能使该项论证在逻辑上说得过去。撇开逻辑说服力不说,我觉得这些人的道德评价有点怪,他们认为,一个无所不能、无所不知、仁慈博爱的上帝,在经历了好几百万年的时间用无生命的星云造就了大地之后,会认为他自己因最终出现了希特勒、斯大林和氢弹而得到了适当的回报。

宗教是否合乎事实是一回事,而宗教是否有用则是另一回事。我坚信宗教是有悖于事实的,而且我也同样坚定地相信它是有害的。

宗教造成的危害有两种:一种取决于被认为可能会沉溺于宗教的那种信仰,另一种取决于特殊的信条。关于那种信仰,有人认为,有信仰——也就是说,有不为任何相反的证据所动摇的信念——乃是一种美德。或者说,如果相反的证据可能会引起怀疑,那么有人就认为,相反的证据必须受到抑制。出于这种原因,在苏联,就不让青年聆听赞成资本主义的理由;或者说,在美国,就不让青年聆听赞成共产主义的理由。这就使得两国的信仰保持原封不动,准备进行相互残杀的战争。虽然自由的探究不会支持信仰,但是,认为相信这个或者相信那个是很重要的那种信念,是几乎一切宗教的共同点,并影响所有的国家教育制度。结果是,青年的心智发展受到阻碍,他们的心里既对持有其他狂热的那些人又甚至更狠毒地对反对一切狂热的那些人充满了狂热的敌意。如果一种将信仰建立在证据的基础上、并只赋予它们证据所确保的那种确实性程度的习惯成为普遍的风尚,那么,它就可以治愈世界正在遭受的大部分弊病。但是现在,在大多数国家,教育的目的就在于阻碍这种习惯的养成,拒绝宣称信仰某种没有事实根据的教条体系的人都被认为不适合做青年的老师。

上述种种弊害与我们所谈论的特殊信条没有什么关系,它们相同地存在于以教条的方式被持有的一切信条中。但是在大多数宗教中,也有一些特定的、明确有害的道德信条。天主教对节育的谴责如能奏效,就会使得救济贫困和消除战祸成为不可能。印度教的关于牛是神圣的动物和寡妇再嫁是邪恶的信条,造成完全不必要的痛苦。共产主义对少数真正信仰者的专政的信奉,产生了许多可恶的后果。

时常有人对我们说,只有狂热才能使一个社会集团产生效果。我认为,这与历史的教训完全相反。但是,无论如何,只有卑躬屈节地崇拜胜利的人,才会不顾后果地认为效果是令人钦佩的。至于我,我认为,与其有大害,不如有小益。我希望看到一个摆脱了集团战争行动的致命性的世界,这个世界能认识到:全人类的幸福不是来自冲突,而是来自合作。我希望看到一个这样的世界,在这个世界上,教育的目的在于思想自由,而不是在于将青年人的思想禁锢在坚硬的教条盔甲里,以便使他们终身免受公正的证据之箭的伤害。世界需要坦率的心胸和开通的思想,而且,不通过僵硬的制度,不管这种制度是新的还是旧的,就能得到这样的心胸和思想。

伯特兰·罗素

一、为什么我不是基督教徒

这篇演讲是1927年3月6日在全国世俗协会南部伦敦分会主持下在巴特西市政厅发表的。

你们的主席已经告诉你们,我今晚演讲的题目是:"为什么我不是基督教徒"。首先,也许还应当搞清楚,人们所说的"基督教徒"这个词是什么意思。现在,许多人都是在不严格的意义上使用这个词。有些人认为"基督教徒"这个词只是指那些想过正派生活的人。照这样说来,我想所有教派和宗派中都有基督教徒了;但是我认为这不是这个词的本义,即使仅仅因为:这样说言外之意就是说凡不是基督教徒的人——所有的佛教徒、儒教徒、伊斯兰教徒等等——都不想过正派的生活。我所说的基督教徒并不是想按自己的看法过正派生活的人。我认为,你在有权自称为基督教徒之前,一定要有某种程度的明确的信仰。现在,"基督教徒"这个词完全不像圣奥古斯丁时代和圣托马斯·阿奎那时代那样有一种单纯明确的意思。那时候,如果一个人说自己是基督教徒,人们就知道他说的是什么意思。你接受一整套非常精确地制订的信条,而且毫不怀疑、非常坚定地相信这些信条的每一个词、每一句话。

什么是基督教徒？

现在的情况并不完全是那样。我们理解基督教这个词的含义就要比较含混一些。但是我认为，有两种不同的信仰，对于任何一个自称为基督教徒的人来说，是完全不可缺少的。第一种信仰是教义性的——也就是说，你必须信仰上帝和永生。如果你不信仰这两样东西，我认为你就不能很适当地自称为基督教徒。其次，比那再进一步，就像这个名称所暗示的，你必须对基督有某种信仰。比如，伊斯兰教徒也信仰上帝和永生，但是他们不会自称为基督教徒。我认为你最起码得相信，基督即使不是神，至少也是人类中最优秀、最有智慧的。如果你不想对基督信仰到那种程度，我认为你就根本没有权利自称为基督教徒。当然，你在《惠特克年鉴》和地理书上还可以看到另一种意义，据说这些书把世界人口划分为基督教徒、伊斯兰教徒、佛教徒、物神崇拜者等等；根据那种意义，我们全都是基督教徒。地理书把我们全都算进去了，但那纯粹是地理学的含义，我想我们可以不去理会它们。所以，我认为，当我告诉你们为什么我不是基督教徒的时候，我必须告诉你们两件不同的事情：第一件事情是，我为什么不信仰上帝和灵魂不朽；第二件事情是，我为什么认为基督并不是最优秀、最有智慧的人，尽管我承认他的德行还是十分高尚的。

要是没有过去无宗教信仰者卓有成效的努力，我就不可能对基督教这个词采用这样有伸缩性的定义。正像我在前面所说的那样,在古昔,这个词的定义要单纯明确得多。例如,它包括相信有地狱。直到相当近的时期,相信有永远不灭的地狱之火,仍然是基督教信仰的一项必不可少的内容。你们知道,在这个国家里,由于枢密院的一个决议,它不再是一项必不可少的内容,而坎特伯雷大主教和约克大主教则对那个决议持有异议;但是在这个国家里,我们的宗教受制于议会法案,因此枢密院可以把这两位大人不放在眼里,使基督教徒不再需要相信有地狱。因此,我不会坚决认为基督教徒必须相信有地狱。

上帝的存在

谈到上帝存在的问题,那是一个重大而又严肃的问题,假如我试图对这个问题充分地展开论述,我就会无休止地把你们留在这儿,所以我只好讲得稍微简短扼要一点,请你们原谅。当然,你们都知道,天主教会把上帝的存在可以用不言而喻的理由来证明这一点作为教义而规定下来。这条教义虽然多少有点荒唐,但它却是他们的教义之一。他们不得不采用这一教义,因为自由思想家们曾一度很喜欢说:有某些论证,仅只理性就可以力陈这些论证以反对上帝的存在,但是他们却根据信仰,理所当然地认定上帝确实存在。这些论证和理由得到极其详尽的陈述,于是,天主教会就觉得他们必须阻止这种陈述。因此,他们规定上帝的存在可以用不言而喻的理由来证明,并且他们不得不提出他们认为可以证明上帝存在的论证。当然,这样的论证有很多,但我将只选几项谈谈。

第一原因论证

也许最简单易懂的就是第一原因论证（有人坚持认为，我们在这个世界上所看到的万事万物都有一个原因，你如果沿着原因之链一步一步地追溯，必定会发现一个第一原因，而且会给这个第一原因取名为上帝。）我看这项论证现今不太受重视，因为首先现在所说的原因，与从前所说的原因完全不是同一回事。哲学家和科学家已经对原因进行了研究，它已没有像它从前所有的那种活力；但是，除此之外，你们还能够看到，认为必定有一个第一原因的论证是一个不可能有任何活力的论证。我可以说，我年轻时曾在头脑中对这些问题进行过认真的思考，在很长一段时间里我也赞同第一原因论证，直到十八岁那年，有一天在读约翰·斯图亚特·穆勒自传时，发现书中有这样一句话："我父亲教导我说，'谁创造了我？'是无法回答的，因为它马上会进一步使人联想到这样一个问题：'谁创造了上帝？'"现在我仍然认为，这句很简单的话给我指出了第一原因论证的荒谬。如果万事万物必定都有一个原因，那么上帝也必定有一个原因。如果可以有什么没有原因的事物，它很可能就是上帝和世界，因此，那项论证不可能有什么活力。它具有与这样一种印度人的观点完全一样的性质，这种观点认为，世界由一头象驮着，而这头象又由一只龟驮着；当有人问"龟又由什么驮着呢？"时，印度人就说："还是让我们换个话题吧！"第一原因论证其实并不比那种观点高明。没有理由说世界没有原因就不能产生；另一方面，也没有理由说世界不应该本来就是一直存在着的。

没有理由认为世界一定要有个开端。认为事物一定要有个开端的观念实际上是因为我们缺乏想象而造成的。因此，我也许用不着再在第一原因论证上浪费时间了。

自然法则论证

另外还有一项根据自然法则作出的、很常见的论证。那在整个18世纪，尤其是在艾萨克·牛顿爵士及其宇宙演化论的影响下，是一项特别受人青睐的论证。人们观察到行星按万有引力定律围绕着太阳运转，于是他们便认为上帝命令这些行星按照那种特殊的方式运行，这就是它们为什么这样运作的原因。当然，那是一种便利而又简单的解释，它使他们省却了进一步寻求对万有引力定律的说明的麻烦。现在，我们用爱因斯坦所采用的那种多少有点复杂的方式解释万有引力定律。我不打算对你们作关于爱因斯坦所解释的万有引力定律的演讲，因为那又要花费不少时间；总而言之，你们已经不再了解牛顿体系中的那种自然法则，在牛顿体系中，由于某种谁都无法知晓的原因，自然恒久不变地运行。我们现在发现，许多我们过去以为是自然法则的东西，其实是人的约定。你们知道，即使在太空中最遥远的地方，一码还是等于三英尺。毫无疑问，这是非常显著的事实，但是你们不大会称之为自然法则。许多被看作是自然法则的东西都属于这一类。另一方面，如果你们能认真研究一下原子活动的真实情况，你们就会发现，它们远不如人们想象的那么严格地受制于法则，你们所得出的法则只是从偶然事件中显露出来的那种统计学上的平均数。我们都知道,有这样一个法则:如果你掷骰子,你每掷三十六次大约只会得到一次双六,我们并不认为这就证明骰子的下落受目的的控制;相反,如果每次都是双六的话,那么我们倒认为存在着目的。自然法则中很多都是属于这一类。它们是诸如从机遇法则中显露出来的那种统计学上的平均数;那就使得关于自然法则的整个这件事情远不如从前那样给人以深刻的印象。完全撇开这件事情不谈(这件事情反映明天就可能变化的科学的暂时状态),认为有自然法则必定就有法则制订者的整个这一观念,应归咎于把自然法则与人类法则混为一谈。人类法则是要求你采取某种行为方式的命令,你可以决定采取这种行为方式,也可以决定不采取这种行为方式;而自然法则则是对事物运动方式的如实描述,而且也仅仅是对其运动状况的如实描述而已,你不能论证说必定有谁叫它们那样做,因为即使假定有谁叫它们那样做,那么你也面临这样一个问题:"为什么上帝只颁布这些自然法则而没有颁布其他自然法则?"如果你说上帝只是随心所欲,没有任何理由,那么你就会发现有某个事物并不受法则的支配,所以你的自然法则链就断了。如果你也像比较正统的神学家一样断言:在上帝颁布的所有法则中,他提出这些法则而非其他法则是有理由的——理由当然是要创造最美好的宇宙,尽管你绝不会认为应当察看一下这个最美好的宇宙——如果上帝提出的那些法则真的有理由,那么上帝本人也应受法则的约束,所以,你用上帝作中介,并没有得到什么好处。你确实具有一个超越并且先于神旨的法则,上帝并不能帮你解决问题,因为他不是法则的最初制订者。总而言之,关于自然法则的整个这一论证无论如何再也没有它从前所具有的那种活力了。我正在按时间顺序逐个审视那些论证。随着时间的推移，以前用来证明上帝存在的那些论证改变了特性。它们最初是一些深奥难懂、讲求理智且含有某些非常明显的推论谬误的论证。到了近代，它们变得在理智上不那么可敬了，并且越来越有一种空洞的说教味道。

宇宙设计论论证

我们接下去要讲的是宇宙设计论论证。大家都知道宇宙设计论论证：世界上的万事万物被创造成现在这个样子乃是为了让我们能在世界上生存，如果世界略有改变，我们就不可能在世界上生存。这就是宇宙设计论论证。它有时采取一种相当离奇古怪的形式。例如，它论证说，兔子长有白尾巴是为了使人容易射猎。我不知道兔子如何看待这一妙论。这是一种很容易被嘲弄性地仿效的论证。你们都记得伏尔泰的话，他说：鼻子被设计成现在这个样子显然是为了能架眼镜。这种嘲弄性的仿效已经不再像18世纪时那样似乎根本没有击中要害，因为自从达尔文的时代起，我们逐渐更加了解生物为什么能适应环境。不是环境被创造成适合于生物，而是生物逐渐适应了环境，这是适应性变化的基础。没有任何关于环境设计的根据。

当你着手研究这种宇宙设计论论证时，最令人惊讶的是，人们居然相信这个世界以及世界万物，虽然有缺点，却是全智全能的上帝在千百万年中所能创造的最好的东西。我真的无法相信这一点。难道你认为，如果你被赋予全智全能，并且有千百万年的时间来使你的世界臻于完善,你就创造不出比三K党或法西斯更好的东西。再说,如果你承认科学的一般规律,你就得假定,这个行星上人类生命和一般生命最终都将绝灭:这是太阳系的衰亡过程中的一个阶段;在衰亡的某个阶段,你得到适合于原生质的温度等等的那种条件,所以在整个太阳系存续期间有很短的一个时期存在生命。你在月球上可以看到地球正在朝之发展的那种东西——某种死寂、寒冷、无生命的东西。

有人对我说,这种观点使人沮丧,而且人们有时也会告诉你,他们要是相信这种观点的话,那就无法活下去了。不要相信这种观点,那完全是胡说八道。实际上,谁也不会为几百万年后将要发生的事情担忧万分。即使他们认为自己为此而非常忧虑,实际上他们也是在欺骗自己。他们非常担忧的是某件更加现实得多的事情,或者也许仅仅是消化不良;但实际上没有一个人真的会因为想到几百万年后这个世界将要发生的某件事情而郁郁寡欢。因此,尽管认为生命将会灭绝当然是一种令人沮丧的观点——至少我认为我们可以这样说,尽管有时当我思忖人们用生命所做的那些事情时,我认为这种观点几乎是一种安慰——它还不至于使生活陷入悲惨的境地。它只是使你的注意力转移到其他事情上。

神明道德论论证

我们现在到了我将称之为有神论者在其论证中所已造成的那种理智传承的另一阶段,所以我们来看看所谓关于上帝存在的道德论论证。当然,我们都知道,关于上帝的存在,以前往往有三种理智论证,它们全都被伊曼纽尔·康德在《纯粹理性批判》中驳倒了;但是他一驳倒这些论证,他就发明了一个新的论证,即道德论论证,这个论证使他深信不疑。像许多人一样,他在理智方面敢于大胆怀疑,但是在道德方面却盲目地相信他在孩提时期学到的箴言。这就说明了精神分析学家们常常强调的观点:我们早期接触的东西对我们的影响要比晚期接触的东西大得多。

我认为,康德发明了一种新的、关于上帝存在的道德论论证,这种以不同形式出现的道德论论证在19世纪极其流行。它有各种各样的形式。一种形式即认为:如果不存在上帝,那么就没有对错可言。我目前不关心究竟有无对错之别:那是另一个问题。我所关心的是:如果你完全相信有对错之别,那么你就处于这样一种情形:对错之别是否出自上帝的敕令?如果是的,那么对上帝本身来说就没有对错之别,说上帝是好的也就不再是一个有意义的陈述了。如果你打算像神学家那样说上帝是善的,那么你就得说对错具有某种与上帝的敕令无关的含义,因为上帝的敕令是好的而不是坏的与他发布敕令这个事实完全无关。如果你打算那样说,那么你就必须说,对错的产生不仅仅是因为上帝,不过从根本上说,对错在逻辑上先于上帝。当然,如果你愿意的话,你可以说有一个至高无上的神,他命令上帝创造这个世界,或者,你可以像某些诺斯替教徒那样接受这样一种说法:实际上,我们所知道的世界是魔鬼趁上帝疏忽之际创造出来的——我常常认为,这是一种听起来似乎非常合理的说法。关于那种说法,有许多话可说,但是我并不想驳斥它。

消除不公正论证

另外,关于道德论论证还有另一种很奇特的形式,那就是:他们说,为了产生公平正义,就需要上帝的存在。在这个宇宙我们所知道的这一部分中,存在着极大的不公平,好人常常受苦遭难,坏人常常飞黄腾达,关于这两种情况,很难说哪一种更可恶;但是如果你打算使作为一个整体的宇宙具有公平正义,那么你就得假定一个来世以恢复人间今生的平衡。所以,他们说必定有个上帝,必定有天堂和地狱,以便最终可以有公平正义。那是一个非常奇特的论证。如果你用科学的观点来看待这个问题,你就会说:"毕竟,我只知道这个世界。我不知道宇宙的其余部分。但只要人们完全能根据或然性来论证,人们就会说,这个世界可能是个有代表性的样本,如果这里有不公平,其他地方大概也有不公平。"假如你买了一箱橘子,打开后发现顶上的一层全坏了,你不会论证说:"为了恢复平衡,下面的橘子一定是好的。"你会说:"可能这批橘子全是坏的。"那实际上就是一个有科学头脑的人在讨论宇宙时会说的话。他会说:"现在我们在这个世界上发现很多不公平,实际上那就是人们认为公平正义在世界上并不占主导地位的原因;因此,实际上它提供了一个反对神明而不是赞成神明的道德论论证。"我当然知道,我向你们讲述的这种理智的论证并不能真正打动人们的心弦。真正促使人们信仰上帝的根本就不是什么理智的论证。绝大多数人之所以信仰上帝,是因为他们从小就受这种教育,这是主要原因。

另外,我认为第二个最重要的原因是对于安全,亦即有一个老大哥会照顾你的这样一种感觉的希冀。这对人们信仰上帝的欲望起了非常微妙的作用。

基督的品性

我常常认为,理性主义者对基督是不是最优秀、最有智慧的人这个问题论述得不太充分。现在我想就这个话题说几句。一般人都认为,我们大家当然都会承认基督是最优秀、最有智慧的人。我本人却不这么认为。我认为在许多问题上我要比那些自称为基督教徒的人更同意基督的观点。我知道,我不能完全同意他的观点,但是我所能同意他观点的程度却远远胜过那些自称为基督教徒的人。你们可能还记得他曾说过:"不要与恶人作对。有人打你的右脸,连左脸也转过来由他打。"①这并不是什么新的箴言或新的原则。早在基督以前五六百年,老子和佛陀就已用过这样的训谕,但是实际上,基督教徒并没有接受这种原则。例如,我确信现任首相②是一个非常虔诚的基督教徒,但是我不会劝你们任何一个人去打他的耳光。我想,你们会发现他认为《圣经》中的这句话只是个比喻。

我认为另外还有一点也说得非常好。你们可能还记得基督曾说过:"你们不要论断人,免得你们被论断。"③我认为,你们会发

---

① 见《圣经·马太福音》第五章第三十九节。——译者
② 斯坦利·鲍德温。
③ 见《圣经·马太福音》第七章第一节。——译者

现，在基督教国家的法庭上，这一原则并不流行。我一生中认识过相当多非常虔诚的基督教徒法官，他们没有一个人觉得他们自己的行为是违背基督教原则的。另外基督还说："有求你的，就给他；有向你借贷的，不可推辞。"①这是一个很好的原则。

你们的主席提醒过你们，我们在这里不要谈政治，但我还是免不了要提一下在上次大选中所争辩的问题：对向你借贷的人采取推辞的做法究竟有多大好处。因此，人们必然会假定，这个国家的自由党党员和保守党党员都是些不赞同基督的教诲的人，因为他们在这种情况下肯定会毅然决然地推辞。

我认为，基督还有另外一条箴言，也很有意思。但是我发现，我们的某些基督教徒朋友却不太喜欢这条箴言。基督说："你若愿意做完人，可去变卖你所有的，分给穷人。"②这是一条非常精当的箴言，但是，正像我所说的那样，付诸实施的人并不多。我认为，所有这些箴言都很不错，尽管践行这些箴言有点难。我并不标榜自己要去践行这些箴言，但这与基督教徒不去践行，毕竟有所不同。

基督的教诲的缺点

承认了这些箴言的精当之处后，我还得谈谈以下几点看法：我不相信人们会承认福音书中所描述的那种基督的睿智和至善；在

---

① 见《圣经·马太福音》第五章第四十二节。——译者
② 见《圣经·马太福音》第十九章第二十一节。——译者

这里,我可以说,人们并不关心历史问题。历史上究竟有无基督其人很值得怀疑。即使真有其人,我们对他也一无所知。因此,我并不关心历史问题,因为这是一个很难弄清楚的问题。我关心的是出现在福音书中的基督,照原样接受福音书中的记叙,而且,人们在这些记叙中确实发现了一些似乎不很明慧的事情。其中之一是,他确定无疑地认为,在所有那时活着的人死亡之前,他的第二次降临人世会出现在绚烂的云端。圣经中有许多文句证明这一点。例如,他说:"以色列的城邑你们还没有走遍,人子就到了。"①接着他又说:"站在这里的,有人在没尝死味以前,必看见人子降临在他的国里。"②还有许多地方也非常清楚地表明,他相信他的第二次降临会在当时还活着的许多人的有生之年里发生。这是他早期信徒的信仰,也是他的许多道德教诲的基础。当他说"不要为明天忧虑"③这类话时,这主要是因为,他认为第二次降临是很快就要发生的事情,一切日常的俗事都算不了什么。事实上,我认识一些确实相信第二次降临即将发生的基督教徒。我认识一位牧师,他告诉他的教徒,第二次降临真的很快就要发生,这把他们吓得够呛,但是当他们发现他在自己的园子里栽树时,他们感到非常欣慰。早期基督教徒的确非常相信这一点,他们绝不做在园子里栽树这种事情,因为他们确实从基督那里接受了这样一种信念:第二次降临即将发生。在这方面,基督显然并不像其他一些人那样聪明,因此他肯定不是什么最大的智者。

---

① 见《圣经·马太福音》第十章第二十三节。——译者
② 见《圣经·马太福音》第十六章第二十八节。——译者
③ 见《圣经·马太福音》第六章第三十四节。——译者

道 德 问 题

接下去讲道德问题。我认为,在基督的道德品质中存在着一个非常严重的缺点,那就是他相信地狱。本人认为,真正非常仁慈的人不可能相信永罚。福音书中所描绘的基督确实相信永罚,人们多次发现对不愿听他传道的那些人的报复性发怒——这种态度在传教士中并不少见,但它或多或少有损于完美无缺、无比优秀的形象。例如,你在苏格拉底身上就看不到这种态度。你们可以看到,他对不愿听他教诲的人,总是非常温文有礼;我认为,作为一个圣贤,采取温文有礼的态度比采取愤怒的态度要适宜得多。你们可能还都记得苏格拉底临终时所说的那种话,以及他平时对与他看法不同的人所说的那种话吧。

你们会发现,在福音书中基督曾说:"你们这些蛇类、毒蛇之种啊!怎能逃脱地狱的刑罚呢?"①这是对那些不喜欢听他传道的人讲的。依我看,其实这并不完全是最好的口气,而关于地狱的描述也比比皆是。当然,也有为大家所熟悉的、关于亵渎圣灵的罪恶的经文:"唯独说话干犯圣灵的,今世、来世总不得赦免。"②这句经文给世界带来了多得难以说清的苦难,因为各种各样的人都以为自己已犯了亵渎圣灵的罪,并认为自己无论是今生还是来世都不能得到饶恕。实际上,我认为,一个生性适度仁慈的人,不会给世界

---

① 见《圣经·马太福音》第二十三章第三十三节。——译者
② 见《圣经·马太福音》第十二章第三十二节。——译者

增添这种畏惧和恐怖。

基督还说:"人子要差遣使者,把一切叫人跌倒的和作恶的,从他国里挑出来,丢在火炉里,在那里必要哀哭切齿了。"①他后来还不断地谈到哀哭切齿。这种话语出现在一节又一节的经文中,因而读者完全明白,思忖哀哭切齿有某种快感,否则这种话语就不会如此频繁地出现。另外,你们当然都还记得关于绵羊和山羊的比喻。他在第二次降临区分"绵羊"和"山羊"时,要对"山羊"说:"你们这被咒诅的人,离开我,进入那永火里去!"②他继续说:"这些人要往永刑里去。"③后来他又说:"倘若你一只手叫你跌倒,就把它砍下来。你缺了肢体进入永生,强如有两只手落到地狱,入那不灭的火里去。在那里,虫是不死的,火是不灭的。"④他还一再重复这一说法。我必须声明,我认为,所有那种认为地狱火是对罪恶的惩罚的学说,都是残忍的学说。正是这种学说给世界带来残忍,使世界世世代代遭受残酷的折磨。福音书中的基督,如果你能够相信他的传记编写者对于他的生平事迹的描述的话,那么肯定会被认为对那种情况负有部分责任。

另外还有一些不太重要的事情。例如格拉森猪事件,让鬼进入猪里,从而使猪群闯下山崖,投海而死,⑤这对猪来说当然是

---

① 见《圣经·马太福音》第十三章第四十一至四十二节。——译者
② 见《圣经·马太福音》第二十五章第四十一节。——译者
③ 见《圣经·马太福音》第二十五章第四十六节。——译者
④ 见《圣经·马可福音》第九章第四十三至四十四节及第四十八节。——译者
⑤ 见《圣经·路加福音》第八章第二十六节至三十九节。——译者

不很仁慈的。你们一定还记得,基督是无所不能的,他能叫鬼径直离开,但他却愿意让它们进入猪里。另外还有关于无花果树的那个离奇的故事,我也一直百思不得其解。你们都还记得无花果树的遭遇吧。"耶稣饿了。远远地看见一棵无花果树,树上有叶子,就往那里去,或者在树上可以找着什么。到了树下,竟找不着什么,不过有叶子,因为不是收无花果的时候。耶稣就对树说:'从今以后,永没有人吃你的果子。'……彼得……就对他说:'拉比,请看!你所咒诅的无花果树已经枯干了。'"[①]这之所以是一个非常离奇的故事,是因为当时并不是结无花果的季节,实际上你不能责怪无花果树。我本人觉得,无论从智慧上看还是从德行上看,基督都完全不可能像历史上传颂的其他某些人那样高超。我想,在这些方面,我应当将佛陀和苏格拉底置于他之上。

情 感 因 素

正像我在前面说过的那样,我认为,人们接受宗教的真实原因同论证根本没有什么关系。他们接受宗教是由于情感的原因。人们常被告语:攻击宗教是一件非常错误的事情,因为宗教使人们变得有德性。有人这样对我说,我没有理睬。当然,你们都知道塞缪尔·勃特勒的《重游埃瑞洪》[②]中对这种论点的嘲讽。你们可能还

---

① 见《圣经·马可福音》第十一章第十二至十四节及第二十一节。——译者
② 埃瑞洪（*Erewhon*）是 nowhere 一词的倒拼,意为乌托邦。——译者

记得,在《重游埃瑞洪》中有一个姓希格斯①的人,他来到一个遥远的国度。他在那里度过了一段时间后,乘气球逃离了那个国家。二十年后,他又回到那个国家,发现那里出现了一种新的宗教,该宗教把他当作"太阳童子"加以崇拜,并说他已经升天。他发现纪念他升天的节日即将来临,他听到汉基和潘基②两位教授在交谈,说他们从未见过希格斯这个人,而且他们希望永远也不会见到他;但他们是"太阳童子"教的大祭司。希格斯非常愤怒,他走到这两个人面前对他们说:"我要揭穿所有这些骗人的鬼话,我要告诉埃瑞洪人民,我不过是凡人希格斯,我是乘气球腾空而去的。"别人却对他说:"你可不能这样做,因为这个国家的所有道德准则都与这一神话联系在一起,他们一旦知道你并没有升天,便都会变得邪恶。"结果,他相信了那番话,悄悄地走了。

这意思就是说,我们如果不信仰基督教,就都会变得邪恶。我倒似乎觉得,信仰基督教的人大多数都极其邪恶。你们可以发现这样一个离奇的事实:任何一个时期,宗教信仰越是狂热,对教义越是迷信,残酷的行为就越是猖獗,事态就越是糟糕。在所谓的信仰时代,当人们真心诚意地信仰完美无缺的基督教的时候,就出现了宗教裁判所及其酷刑,就有数百万不幸的妇女被当作女巫烧死,就有以宗教的名义对各阶层人民实施的各种各样的残酷迫害。

---

① 塞缪尔·勃特勒在《重游埃瑞洪》中虚构了一个与 20 世纪英国物理学家彼得·希格斯(Peter Higgs)同姓的人物。彼得·希格斯以提出后来人们以其姓氏命名的"希格斯粒子"这一物理学假设而著称。——译者

② 汉基(Hanky)和潘基(Panky)是英语"hanky-panky"一词的音译,该词意思为"阴谋诡计"或"无聊的言行"。——译者

环顾世界,你就会发现,人类感情的每一点进步、刑法的每一次改进、减少战争的每一个步骤、改善有色人种待遇的每一个步骤、奴役的每一次减轻、世界上道德的每一个进步,都曾一直遭到有组织的教会的反对。我可以很慎重地说,基督教作为有组织的教会,不但从前一直是,而且现在仍然还是世界道德进步的主要敌人。

教会是如何阻碍进步的

我说现在教会仍然在阻碍世界道德的进步,你也许会认为我言过其实。我并不认为自己言过其实。就以一个事实为例。请你们原谅我提到这一事实。这不是一个令人愉快的事实,但是教会使人们不得不提到那些令人不快的事实。假定在我们今天居住的世界上,有一个天真幼稚的姑娘嫁给了一个梅毒患者,既然如此,天主教会便说:"这是一个不能撤销的神圣誓约。你们必须共同生活一辈子。"而且这个妇女还不能采取任何措施防止生育患梅毒的婴儿。这是天主教会的说法。我认为,这是极其残忍的事情,任何人,只要他的出乎本性的同情心还没有被教义所扭曲,或者说,只要他的道德天性对所有苦难的感觉还没有完全麻木不仁,都不可能断言认为那种事态应该延续下去的主张是正确得当的。

那还只是个例子。现在,教会仍然有许多办法,坚持它所喜欢称之为道德的东西,使各阶层人民遭受本不该遭受和不必要的痛苦。当然,正像我们所知道的那样,它基本上仍然反对减轻世界上痛苦的那种全方位的进步和改良,因为它喜欢把某套与人类幸福毫无关系的、狭隘的行为准则称为道德；如果你说应当做这做那，因为它有利于人类幸福，那么，他们则认为，那与问题完全无关。"人类幸福与道德有什么关系呢？道德的目的并不是使人们幸福。"

恐惧，宗教的基础

我认为，宗教基本上主要是以恐惧为基础的。它部分是对未知事物的害怕，部分是像我已经说过的那样，对于当你遇到各种困难和纷争时会有一个老大哥来帮助你这种感觉的希冀。恐惧是整个东西的基础——对神秘事物的恐惧、对失败的恐惧、对死亡的恐惧。恐惧是残忍之源，因此，残忍和宗教携手并进也就不足为奇了。这是因为恐惧是以这两个东西为基础的。在这个世界上，我们现在已经能够开始借助于科学——科学在同基督教的斗争中，在同教会的斗争中，不顾违背一切古老的箴言，一步一步地向前推进——了解一点儿东西，掌握一点儿东西了。科学能够帮助我们战胜人类世世代代一直生活于其中的、怯懦的恐惧。科学能够使我们懂得，而且我们扪心自问也能得知：再也不要到处去寻求想象中的帮助，再也不要虚构天上的支持者，而宁可依靠我们自己在尘世间的努力，把这个世界改造成适合于生活的地方，而不是多少世纪以来教会一直在使之成为的那种地方。

我们应该做些什么

我们应该自立，客观公正地观察世界——它的好的事实、它的坏的事实、它的美和它的丑；按照世界的本来面目去考察世界，而不是害怕世界。用智慧征服世界，而不是一味奴隶般地慑服于世界。关于上帝的整个观念来源于古代东方的专制主义。这是一种自由人所完全不应有的观念。当你听见人们在教堂里自我贬斥，说他们是卑劣的罪人以及其他诸如此类的话时，你就会感到这似乎是可鄙的，是跟有自尊心的人不相称的。我们应当站起来，坦率地正视世界。我们应当尽己所能最大限度地利用世界，假如利用得并不像我们所希冀的那么好，那它毕竟还是比过去历代其他人所利用的要强些。美好的世界需要知识、仁慈和勇敢；它不需要追悔和对往昔的怀恋，或者说，不需要用很久以前无知的人说过的话来禁锢自由的才智。它需要对未来的憧憬，而不是对业已消逝的过去没完没了地回顾。我们深信，我们的才智所能创造的未来将远远胜过业已消逝的过去。

二、宗教对文明作出过有用的贡献吗?[①]

我个人关于宗教的观点就是卢克莱修[②]的观点。我认为宗教是由于恐惧而发生的病症,是人类难以言说的苦难的根源。不过,我不能否认宗教对文明作出过某些贡献。它曾在古代帮助制定历法;它使埃及的祭司如此仔细地记录日食和月食,以至最终他们能对日食和月食作出预报。这两项功绩我是准备承认的,但是还有什么其他贡献我就不知道了。

"宗教"一词现今被用得非常不严谨。有些人在偏激的新教影响下,用这个词指称任何关于道德或宇宙性质的、严肃的个人信念。这个词的这种用法是完全不符合历史事实的。宗教首先是种社会现象。教会也许把自己的起源归功于具有强烈个人信念的导师,但是这些导师对自己创建的教会很少有大的影响,而教会对它们生存并活跃于其中的社会却有极大的影响。就拿西方文明社会中人们最感兴趣的一件事来说:福音书中的基督教诲几乎与基督

---

① 最初发表于1930年。
② 卢克莱修(Titus Lucretius Carus,公元前约99—公元前约55):古罗马诗人,唯物主义哲学家。——译者

教徒的伦理观完全无关。从社会和历史的观点来看，关于基督教的最重要的东西不是基督，而是教会。所以如果我们要评价作为一种社会势力的基督教，我们不可以到福音书中去找材料。基督教诲说：你们应该把自己的财产分给穷人①；你们不应该争斗②；你们不应该去教堂③；你们不应该惩罚淫行④。在这些方面，无论是天主教徒还是新教徒，都没有表现出要遵循他的教诲的强烈意愿。的确，有些方济各会修士曾企图传布使徒贫穷的教义，但是教皇谴责他们，他们的教义被宣告为异端。或者，再考虑一下诸如"你们不要论断人，免得你们被论断"⑤这种经文，并且问自己：这种经文对宗教裁判所和三K党究竟有什么影响。

基督教如此，佛教也不例外。佛陀和蔼开明；他临终时还嘲笑他的门徒认为他是不死的。但是，佛教的法师却主张愚民政策，而且专横跋扈，极其残忍——例如，在西藏就存在这种情况。

关于教会与其创建者之间的这种差异的一切事情都不是偶然的。只要某个人的言论被认为含有绝对真理，马上就有一帮专家来解释他的言论，而且因为这些专家掌握着通向真理的钥匙，他们肯定能得到权力。他们也像其他任何特权阶级一样，利用手中的权力谋求一己私利。但是，从某种意义上说，他们比其他任何特权阶级更坏，因为他们的职责是阐述神明一劳永逸和绝对完美地向

---

① 见《圣经·马太福音》第十九章第二十一节。——译者
② 见《圣经·马太福音》第五章第三十九节至四十一节。——译者
③ 见《圣经·马太福音》第六章第五至六节。——译者
④ 见《圣经·约翰福音》第八章第一至十一节。——译者
⑤ 见《圣经·马太福音》第七章第一节。——译者

人启示的、恒久不变的真理,因此,他们必定成为一切理智进步和道德进步的反对者。教会曾反对伽利略和达尔文;如今它又反对弗洛伊德。教会在其权势如日中天的时代,更加激烈地反对理智生活。教皇格列高利一世曾在给某个主教的一封信的开头写道:"我们收到了一份我们在提到它时不能不感到羞愧的报告,说你给某些朋友讲解语法。"这位主教迫于教皇的权威,只好停止这种邪恶的工作,而拉丁语研究在文艺复兴以前也就一蹶不振。宗教不仅在理智上而且在道德上也是有害的。我这样说是指宗教传授并不能增进人类幸福的道德准则。几年前,德国进行公民投票以决定是否应该让已被废黜的皇室继续享用其私人财产,当时德国教会就正式宣布,剥夺这些皇室的私人财产是违背基督教教义的。众所周知,教会过去,只要它们有胆量,便反对废除奴隶制;现在,除少数大肆宣扬的事例以外,它们又反对每一旨在经济公平的运动。教皇就曾正式谴责过社会主义。

基督教与性

然而,基督教最坏的特点是它对性的态度——这种态度是如此病态和如此反自然,以至于只有与罗马帝国逐渐衰败时文明世界的弊病联系在一起才能理解这种态度。我们时常听到有人说,大意是,基督教改善了妇女的地位。这是对历史所能做的最卑劣的歪曲之一。在一个其中人们认为妇女不应当违反非常苛严的道德准则是极其重要的社会里,妇女是不可能享有还说得过去的地位的。修道士总是首先把妇女看作是诱惑者;他们认为妇女大多数是淫欲的激发者。教会的教义过去一直是,而且现在仍然是:童贞是最好的;但对于那些觉得这是不可能的人来说,结婚也是可允许的。按圣保罗蛮横的说法:"与其欲火攻心,倒不如嫁娶为妙。"①教会通过不准离婚,和扑灭一切关于"爱的艺术"的知识,尽己所能地确保它所允许的这种唯一的性形式含有很少快乐和很多痛苦。实际上,反对节育也有同样的动机:如果一个妇女每年生一个孩子,直到精疲力竭地死去,那么人们就不会认为她会从婚姻生活中得到许多快乐;因此必须阻止节育。

和基督教道德观有密切关系的罪孽概念,是个造成特别大的危害的概念,因为它为人们提供了发泄他们相信是合法的,甚至是高尚的施虐狂热的机会。比如,就拿预防梅毒这个问题来说。谁都知道,只要事先采取预防措施,得这种病的危险可以变得很小。然而,基督教徒却反对传播关于这一事实的知识,因为他们认为罪人受到惩罚是应该的。他们认为这是非常合理的,所以他们甚至希望把惩罚的范围扩大到罪人的妻子和儿女。当今,世界上有成千上万的儿童患先天性梅毒,要不是基督教徒希望看到罪人受惩罚,他们就绝不会出生。我无法理解,导致这种恶魔般残忍的教条,怎么能够被认为会对道德产生任何好的作用。

不仅基督教徒对性行为的态度,而且基督教徒对有关性方面知识的态度,也危及人类的福祉。凡是以不偏不倚的态度不怕麻烦地研究过这个问题的人都知道,正统的基督教徒企图强加于青年的那种性方面人为的无知,对于身心健康是极其危险的,并且使

---

① 见《圣经·哥林多前书》第七章第九节。——译者

那些像大多数儿童一样通过"不正当的"谈话的方法获得知识的人,产生性本身就是下流和可笑的看法。我认为不可能有什么理由可以为那种认为知识总是不合需要的观点作辩护。我可不在任何年龄的任何人获得知识的道路上设置障碍。但是在性知识的特殊情况下,有比在大多数其他知识的情况下有力得多的赞成获得知识的论据。一个人在无知的时候明智行事的可能性要比受过教育以后明智行事的可能性小得多;因为年轻人对重要的事情有天生的好奇心,就给他们一种罪恶感,这是荒谬的。

每个男孩对火车都很感兴趣。假定我们告诉他说,对火车感兴趣是邪恶的;假定每当他坐火车或进火车站,我们就用布带蒙住他的眼睛;假定我们在他面前绝不提"火车"这个词,保留关于把他从一地运到另一地的这种工具的不可探知的神秘性。结果不会是他不再对火车感兴趣;相反,他会比以往任何时候都感兴趣,但是因为有人对他说这种兴趣是不正当的,所以他会有一种病态的罪恶感。每个思想活跃的男孩都会因此被搞得多少有点神经衰弱。在性方面,人们就是这样做的;不过,由于性比火车更有意思,结果就更糟。在基督教社群里,由于青年男女有性知识方面的禁忌,所以,几乎每个成年人多少都有些神经不正常。而这样人为灌输的罪恶感,是晚年残忍、怯懦和愚钝的原因之一。无论是关于性还是关于其他任何事情,我们都没有任何一种合理的理由使儿童对他也许想要知道的任何事物保持无知。在承认早期教育中的这一事实之前,我们绝不可能造就心智健全的全体国民,只要教会还能控制教育政策,就不可能做到这一点。

我们现在把这些比较详细的反对意见放在一边,在基督教的基本教义能被人们接受之前，它们显然需要大量伦理上的歪曲。我们被告知，世界是由善良而又万能的上帝创造的。上帝在创造世界之前就已预见到世界所包含的所有痛苦和不幸；因此，他就要对这一切负责。争辩说世界上的苦难是由于罪孽的缘故，是没用的。首先，这不是真的；使河水泛滥或火山喷发的并不是罪孽。但是即便这是真的，那也没有关系。如果我明明知道自己的孩子将来会成为杀人疯子还是打算把他生出来，那么我就应当为他的罪行承担责任。如果上帝事先就知道人类将要犯的罪行，那么当他决定创造人类时，他显然要对这些罪行的一切后果负责。基督教徒通常的论点是：在世界上受苦受难是涤罪，因此是件好事。当然，这一论点只是施虐欲的合理化；但是，不管怎么说，这是一个理由非常不充足的论点。我要邀请一位基督教徒陪我到医院的儿童病房走一趟，看看那里正在忍受的苦难，然后固执地断言：这些孩子是如此道德堕落，以至于他们应当遭受这样的苦难。一个人，为了使自己说出这番话，就必须摧毁自己身上一切慈悲和怜悯的感情。总之，他必须使自己像他所信仰的上帝一样残忍。凡是相信在这个受苦受难的世界上一切皆是出于好意的人，都不可能使自己的道德价值不受损害，因为他总是不得不为苦难和不幸寻找借口。

反对宗教的意见

反对宗教的意见有两种——理智上的和道德上的。理智上的反对意见是：没有理由认为任何宗教是真实的。道德上的反对意见是：宗教戒律起始于一个人们比现在更加残忍的时代，因此它们倾向于使种种残忍行为永久存在，要不然，就会随着时代道德心的发展而抛弃掉这种残忍行为。

先谈谈理智上的反对意见。在我们这个讲求实际的时代，有一种倾向认为宗教教义是否真实这一点无关紧要，因为重要的问题在于它是否有用。然而，一个问题，要是没有另一个问题，就不可能得到很好的解决。如果我们信仰基督教，那么，我们关于什么是好的观念就会不同于我们不信基督教时对于它们的看法。因此，基督教的影响在基督教徒看来可能是好的，而在不信基督教者看来却可能是坏的。另外，那种认为不管是否有支持某一主张的证据，都应当相信这个主张的态度，是一种对证据产生敌意，并使我们在思想上拒绝接受每一不符合我们的偏见的事实的态度。

某种科学的公正是一种非常重要的品质；如果一个人认为有那么一些事物，相信它们乃是他的责任，那么，他就很难具有这种品质。因此，要是不调查研究宗教是否真实这个问题，我们就不可能对宗教所作所为的好坏作出真正的判定。对于基督教徒、伊斯兰教徒和犹太教徒来说，有关宗教真实性的最基本问题是上帝的存在。在宗教仍然因胜利而欢欣鼓舞的日子里，"上帝"一词具有非常明确的含义；但是由于理性主义者的攻击，这个词变得越来越苍白，直到最后，当人们宣称自己信仰上帝的时候，别人竟很难知道他们所说的话的意思是什么。为了论证，让我们以马修·阿诺德①的定义为例：(上帝是)"一种不属于我们自己而且倾向于正义

---

① 马修·阿诺德(Matthew Arnold, 1822—1888)，英国维多利亚时代诗人、文学和社会评论家。——译者

的力量。"我们也许可以把这层意思表述得甚至更加含糊,并且问自己,我们是否有什么证据可以证明,除了这个星球表面上生物的意志之外,宇宙中还有其他的意志。

信仰宗教的人在这方面通常的论点大致如下:"我和我的朋友都是有惊人的才智和美德的人。这么了不起的才智和美德竟然能偶然产生,简直难以想象。因此,必然有个至少和我们一样有才智和美德的人,他为了制造我们而开动了宇宙机器。"很遗憾,我并不像使用这个论点的那些人那样觉得这个论点很感人。宇宙是广袤的;但是,如果我们必须相信爱丁顿①的话,那么,宇宙中很可能没有其他任何地方会有像人这样聪明的生物。如果你想想世界上物质的总量,再把它与形成具有智力的生物的躯体的物质数量作一比较,你就会发现后者比前者几乎小得不成比例。所以,即使机会定律不大可能从原子的偶然选择中产生具有智力的有机体,在宇宙中还是可能会有为数极少、事实上确实为我们所发现的那种有机体。而且,我们被认为是这种宏大进程的顶点,其实我们似乎并不是非常神奇。当然,我知道,许多神学家比我神奇得多,我不能完全体会到到目前为止超过我自己优点的各种长处。不过,甚至在这个标题留出余地之后,我还是不能不认为,永远在操作着的全能上帝本来可以造出更好一些的东西来。而且我们还必须考虑到,甚至这种结果也只是昙花一现罢了。地球不会永远适合于居住;人类会消亡,如果宇宙进程此后还要证明自己是有道理的,那

---

① 爱丁顿(Sir Arthur Stanley Eddington,1882—1944),英国天文学家、物理学家和数学家。——译者

么,除了我们这个星球的表面之外,它在其他地方也得这么做。即使可能出现这种情况,宇宙进程也必然迟早会停止。热力学第二定律几乎无可置疑地证明宇宙在逐渐衰退,最终任何地方都不能存在任何最不重要的事物。当然,我们也可以说,到那时上帝会再次开动这台机器;但是,如果我们的确这样说,那么,我们说这句话的根据只能是信仰,而完全不是科学证据。就科学证据所已证明的来说,宇宙已经过若干缓慢的阶段,在这个地球上慢慢地走向有点可怜的结局,并且将要经过若干更为可怜的阶段,慢慢地走向普遍死灭的境地。如果把这当作是有什么目的的证据,那么,我只能说,这种目的并不能引起我的兴趣。因此,我看不出有什么理由信仰任何一种上帝,不管他是多么含糊,多么瘦弱。我把陈旧的形而上学的论证放在一边,因为宗教的辩护者自己已经抛弃了这些论证。

灵魂与不朽

基督教对于个人灵魂的强调,对基督教社群的道德一直有深远的影响。这是一种基本上与斯多葛派学说相似的教义,它们都产生于不能再抱政治希望的社群。精力旺盛而又品行端正的人的自然冲动,是试图做好事,但如果剥夺他所有的政治权力和影响事情的一切机会,那么,他就会偏离常轨,就会断定重要的事是做好人。早期基督教徒的情况就是如此;这就导致了一个作为某种完全不依赖于慈善行为的东西的个人圣洁的概念,因为圣洁必须是某种没有行为能力的人也能达到的东西。因此,社会公德开始被排斥在基督教道德之外。到今天，保守的基督教徒仍然认为奸夫比受贿的政客更邪恶，尽管后者的危害也许要大一千倍。正像我们在他们的图画中所看到的，中世纪关于美德的概念有一点空洞无聊、软弱无力、多愁善感。道德最高尚的人是离群索居者；只有那些像圣路易那样把其臣民的生命和财产耗费在对土耳其人的战争中的实干家，才被认为是圣徒。教会绝不会因为某人改革财政、刑法或司法而认为他是圣徒。这种仅仅有益于人类福利的贡献会被认为是无关紧要的。我相信，在整个圣徒名录中没有一个是因为从事公用事业而跻身圣徒之列的。随着社会人与道德人的分离，灵魂与肉体的分离也愈演愈烈，这种现象还残存在基督教的形而上学和源出于笛卡尔的体系中。一般说来，人们可以说肉体代表一个人社会的和公众的方面，而灵魂则代表一个人私人的方面。基督教道德强调灵魂，同时也使它自己成了地地道道个人主义的道德。我认为，基督教经历了所有这些世纪之后的最终结果显然是，使人们变得比原本自然使之成为的更自私，更自闭；因为使一个人自然地摆脱自我束缚的冲动，乃是性、生育、爱国主义或群集本能的那些冲动。对于性，教会不择手段地加以谴责和贬低；家庭感情受到基督本人和他大多数弟子的坚决反对；爱国主义在罗马帝国的臣民中根本没有地位。福音书中反对家庭的言论，一直没有得到应有的注意。教会对于基督的母亲是尊敬的，但是基督本人却几乎没有表现出这种态度。"母亲（原文作"妇人"），我与你有什么相干？"（《约翰福音》第二章第四节）这就是他对他母亲说话的口气。他还说：他来是为了叫人与父亲生疏，女儿与母亲生疏，媳妇与婆婆生疏；爱父母过于爱他的人，不配做他的门徒（《马太福音》第十章第三十五至三十七节)。这一切都意味着为了信念就要打破生物学上的家庭关系——这种态度与随着基督教的传播而问世的不容异说有很大关系。

个人主义在个人灵魂不朽的教义中达到了顶点,个人灵魂根据情况,有的在来世长享福乐,有的在来世永受苦难。决定这种重大差别的情况,有点稀奇古怪。例如,你临死前牧师一边口中念念有词,一边洒些水在你身上,你死后便永享福乐;相反,如果你虽然在漫长的一生中为人正直,道德高尚,但因为你弄断靴带而口出恶语的时候碰巧被雷打死,你死后就会永远受苦。我并不认为近代新教徒相信这一教义,也许甚至没有受过充分神学教育的近代天主教徒也不会相信这一教义;但是我的确认为这是正统的教义,而且在近代之前曾一直为人们所坚信。墨西哥和秘鲁的西班牙人过去经常给印第安婴儿施洗礼,然后当场把婴儿撞得脑浆迸裂:他们用这种方法保证这些婴儿都升入天堂。没有哪个正统的基督教徒能找出合乎逻辑的理由来谴责他们的行为,尽管现在大家都谴责这种做法。基督教的个人灵魂不朽的教义已经在无数方面对道德产生了灾难性的影响;形而上学地割裂灵魂与肉体,也对哲学产生了灾难性的影响。

不容异说的起源

随着基督教的出现而遍及全球的不容异说,是基督教最奇怪的特征之一,我认为这是由于犹太人相信正义,相信只有犹太人的上帝才真正存在而造成的。我不知道,犹太人为什么会有这些古怪的想法。他们好像是在沦为俘虏时,为了反抗外族同化的企图而产生了这些想法的。不管出于什么原因,犹太人,尤其是先知,产生了强调个人正义的想法,和关于容忍犹太教以外的任何宗教都是邪恶的观念。这两种观念对西方历史产生了极具灾难性的影响。教会不断地渲染君士坦丁时代以前罗马政权对基督教徒的迫害。但是,这种迫害是轻微的、断断续续的,而且完全是政治性的。从君士坦丁时代起一直到17世纪末,基督教徒始终受另外一些基督教徒的迫害,这种迫害比罗马皇帝任何时候的迫害都要残酷得多。在基督教崛起以前,除了犹太人以外,古代世界对于这种迫害的态度还是一无所知。你如果读过例如希罗多德①的著作,就会看到他对自己游历过的异邦的风土人情所作的那种温和宽容的描述。的确,有时某种特殊的野蛮风俗也会使他感到震惊,不过,一般说来,他对异国的神灵和风俗都是友善的。他并不急于想证明,用其他某个名称称呼宙斯的人民将遭永劫,并且应该被置于死地,以便可以尽快地开始对于他们的惩罚。这种态度只有基督教徒才会采取。诚然,现代的基督教徒不那么粗暴了,但这并不是基督教的功劳,而是从文艺复兴时代到今天的历代自由思想家的功劳,是他们使基督教徒对自己许多传统信仰感到羞愧。听到现代基督教徒告诉你说,基督教实际上有多温和,有多理性主义,这是很可笑的,他们无视这样一个事实:基督教所有的温和与理性主义都应当归功于那些曾在他们自己的时代受所有正统基督教徒迫害的人士

---

① 希罗多德(Herodotus,公元前484?—前430至420),希腊历史学家。——译者

的教导。现今已经没有人相信世界是公元前4004年创造的；但是在不太久以前，怀疑这一点还被认为是一种可恶的罪行。我的高祖在观察埃特纳火山斜坡熔岩厚度之后，得出了地球的形成时间肯定比正统基督教徒所假定的要早的结论，并在一本书中发表了这一看法。他因为这种冒犯的行为而受到郡政府的制裁和社会的冷落。假如他是个地位比较卑微的人，毫无疑问对他的惩罚会更加严厉。正统基督教徒现在不再相信他们一百五十年以前相信的那些谬说，对他们来说，这并不是什么光彩的事情。尽管教会作了最有力的抵抗，基督教教义还是逐渐失势了，这完全是自由思想家猛烈进攻的结果。

自由意志说

基督教徒对待自然法则的态度，一直是出奇地摇摆不定。一方面，有绝大多数基督教徒所相信的自由意志说，这种学说要求人类的行为至少不应受自然法则的支配。另一方面，特别是在18、19世纪，有对作为法则制订者的上帝和对作为证明创世主存在的主要证据之一的自然法则的信仰。在近代，人们开始发现，为了自由意志而对法则统治的反对，比对作为为法则制订者提供证据的自然法则的信仰更强烈了。唯物主义者用物理学的定律证明，或者试图证明，人体的运动从力学上说是被决定了的，因此，我们所说的每件事情，我们所造成的每一位置的变化，全都不属于任何可能的自我意志的范围。如果真是那样，那么，凡是可以留给我们无拘无束的意志的东西，就都没有什么价值了。如果当一个人写诗或杀人时,与其行为有关联的躯体运动完全是由身体原因引起的,那么,在一种情况下为他塑像而在另一种情况下却把他绞死,似乎是荒谬的。在某些形而上学体系中,可能还保留着一个纯粹思维的领域,在这个领域中意志往往是自由的;但是由于意志只能用躯体运动传递给其他人,自由王国大概绝不可能是传递的对象,绝不可能有任何重要的社会意义。

另外,进化论对于已接受进化论观点的那些基督教徒产生了相当大的影响。他们已经看到,代表人类提出完全不同于代表其他生物所提出的要求,是不行的。因此,为了捍卫人的自由意志,他们反对任何想用物理学和化学的定律解释生物行为的做法。笛卡尔提出过一个观点,大意是所有低等动物都是自动体。这种观点现已不再受到开明神学家的青睐。延续说使他们倾向于再前进一步,认为甚至所谓的无生命物质,其运动也不是严格地受不可改变的法则支配的。他们似乎忽略了这样一个事实:如果你取消法则的支配,你也就取消了奇迹的可能性,因为奇迹是上帝的行动,它们违背支配着普遍现象的各种法则。但是,我能想象现代开明神学家故弄玄虚地断言一切创造都是不可思议的,因此他不再需要选择某些事件作为上帝干预的特殊证据的情景。

在对于自然法则的这种反作用的影响下,有些基督教的辩护士利用了最新的原子学说,这种学说倾向于表明,我们迄今为止所相信的物理学定律,在应用于大量的原子时,只有近似的和平均数值的正确性,而个体电子的运动却几乎是随意的。我个人认为这种情况是暂时的,尽管支配微观现象的法则可能与传统物理学定律大相径庭,物理学家还是会及时发现这些支配微观现象的法则的。不管这些法则会是什么样子,值得注意的是关于微观现象的现代学说与任何具有重大实践意义的事情无关。可见的运动,以及实际上对任何人有任何影响的一切运动,它们所牵涉的原子数量如此之大,以至它们完全进入了旧法则的范围。要写诗或杀人(又回到我们在前面提到的例证上来),那就必须使一定数量的墨水或铅改变位置。构成墨水的电子可能是在自由地围绕着它们小小的舞场翩翩起舞,但作为一个整体的舞场却是按照物理学旧定律运动的,而这才是唯一与诗人和他的出版商有关的。因此,现代的学说与神学家所关注的那些有关人类利益的问题并没有什么明显的关系。

所以,自由意志问题仍然只是停留在原来状态上。不管人们对作为元形而上学问题的自由意志问题会有什么想法,以下这一点是非常清楚的:实际上没有人相信自由意志。大家始终相信,性格是可以培养的;大家始终知道,酒精或鸦片会对行为产生一定的影响。自由意志的鼓吹者坚持认为,人能用意志力避免酗酒;但他并不坚持认为,一个人在喝醉时能像未醉时一样口齿清楚地说"英国宪法"这两个词。凡是同孩子打过交道的人都知道,适当的食物比世界上最动听的说教更能使他们道德高尚。自由意志学说实际上产生的一种影响,是阻止人们彻底探究这种常识性的知识直至得出合理的结论。当一个人做了使我们恼火的事时,我们宁愿认为他是邪恶的,却不愿正视这样一个事实:他的这种讨厌的行为是前因之果,如果你足够久远地追溯这些前因,它们就会把你带到他出生之前,因此,就会把你带到无论怎样想象都不可能认为他应对此负责的那些事情上。

没有人会愚蠢地把汽车当人对待。当汽车不能行驶时，谁也不会把汽车讨厌的情况归之于罪恶；谁也不会说："你是邪恶的汽车，你不走我就不再给你汽油。"人们会想方设法找出毛病，把它修好。但是，用类似的方法对待人，就会被认为是违反我们神圣宗教的真理。甚至对待小孩也用这种方法。许多孩子都有因惩罚而长存的恶习，但是这些恶习，如果对之不闻不问，也许会自行消失。然而，除了极少数的例外，保姆们认为予以惩罚是对的，尽管她们这样做，要冒引起精神错乱的危险。即使引起了精神错乱，那也会在法庭上被援引来证明恶习的害处，而不是惩罚的害处。（我是在暗指纽约州内最近对一起猥亵事件的起诉。）

对于精神错乱者和弱智儿童的研究，已引起大规模的教育改革，因为他们并没有被认为应对自己的失败负道义上的责任，因此受到了比正常儿童更科学的对待。不久前人们还认为，如果一个男孩不能吸取教训，恰当的矫正法就是棒打鞭抽。这种观点在对待儿童方面已经差不多绝迹了，但是在刑法上却依然存在。显然，有犯罪倾向的人必须受到制止，但是，一个要咬人的狂犬病患者同样也必须受到制止，尽管没有人认为他应负道义上的责任。一个染上瘟疫的人，尽管没有人认为他是邪恶的，也必须被监禁到治愈为止。对于一个受犯伪造罪倾向折磨的人来说，也应当做同样的事情；但是，不应当认为一种情况下比另一种情况下更有罪。这只是常识，尽管这是一种基督教道德和形而上学所反对的常识。

我们要评判任何机构对社群的道德影响，就得考虑机构所蕴涵的那种冲动，以及机构在那个社群中增进冲动功效的程度。有关的冲动有时非常明显，有时却比较隐晦。例如，阿尔卑斯山俱乐部显然蕴涵冒险的冲动,一个学会蕴涵求知的冲动。作为一个机构的家庭蕴涵忌妒和父母之情;一个足球俱乐部或政党蕴涵向往竞争性游戏的冲动;而两大社会机构——即教会和政府——的心理动机则更加复杂。政府的首要目的显然是确保不受内部罪犯和外部敌人的侵扰。这起源于儿童受惊时挤作一团和寻找会给他们安全感的成年人的倾向。教会的起源更复杂。毫无疑问,宗教最重要的根源是恐惧;这在今天还能看到,因为凡是引起惊恐的东西很容易使人们想到上帝。战争、瘟疫、海难都很容易使人们相信宗教。不过,除了恐惧的诉求以外,宗教还有其他的诉求;它尤其诉诸我们人类的自尊。如果基督教是正确的,那么,人类就不是像他们似乎所是的那种可怜虫;宇宙的造物主对他们感兴趣,他不厌其烦地为他们行为良好而喜,为他们行为恶劣而怒。这是一种伟大的赞赏。我们可不会想去研究蚂蚁的巢穴以查明哪些蚂蚁履行了蚂蚁的职责,当然我们也不会想去把那些玩忽职守的蚂蚁挑出来丢到火里烧死。如果上帝为我们做这件事情,那是对我们重要性的赞赏;如果他给予我们之中的好人以在天堂中永享快乐的奖励,那甚至是更令人愉快的赞赏。另外还有这样一种比较现代的观念:宇宙的进化完全是为了造成我们称之为好的那种结果——也就是说,完全是为了造成给我们带来快乐的那种结果。然而,认为操纵宇宙的上帝也有与我们一样的爱好和成见,则是奉承。

正 义 观 念

宗教中所蕴涵的第三种心理冲动是导致正义概念的冲动。我

37　知道许多自由思想家对于这一概念深怀敬意,认为尽管教条的宗教在衰败,但是正义概念应该受到保护。在这一点上,我不能同意他们的看法。在我看来,对正义观念的心理分析似乎表明它植根于不良感情,不应为理性的认可所强化。正义和不义必须一起接受;强调一个而不也强调另一个,是不可能的。那么,"不义"实际上是什么呢?它实际上是一种民众不喜欢的行为。民众通过把这种行为叫作不义,并且围绕这一概念编造一个精细的道德体系,证明对他们所厌恶的对象施加惩罚是有道理的,而同时又因为按照释义民众是正义的,民众在放纵自己喜好残酷的冲动时增强了他们自己的自负。这是实施私刑的心理,也是以其他方式惩罚罪犯的心理。因此,正义概念的本质就是给残酷披上正义的外衣,为施虐狂提供发泄的机会。

但是,有人会说,据你自己所言,希伯来的先知们最终发明了正义的观念,而你对正义所作的描述却完全不适用于他们。这样说是有道理的:希伯来先知们口中的正义就是他们和雅威①所称许的东西。人们发现在《使徒行传》中也有关于同样看法的表述,使徒们在开始宣布决定时说:"因为在圣灵和我们看来,这样做似乎是合适的"(《使徒行传》第十五章第二十八节)。但是,关于上帝的爱好和看法的这种个人确信,不能作为任何机构的根据。新教不得不与之作斗争的困难始终是:新的先知可能会断言,他得到的启示比以前的先知得到的启示更可靠,而根据新教对事物的总看法,没有什么东西可以证明这一断言是不能成立的。因此,新教分

---

① 耶和华的别称。——译者

裂成无数个教派，它们相互削弱；人们有理由认为，一百年以后天主教将成为基督教事实上的唯一代表。在天主教会中，诸如先知们所享有的那种灵感有它的地位；但是，据认为，有些看起来很像真正神授灵感的现象可能是魔鬼所致，教会的职责是辨别真假，就像艺术品鉴赏家的职责是鉴别赝品和达·芬奇真品一样。这样，启示便同时成为约定俗成了。正义是教会所称许的东西，不义是教会所谴责的东西。因此，正义这一概念的有效作用就是证明民众的憎恶是有道理的。

所以，宗教所蕴涵的三种人类的冲动似乎是恐惧、自负和憎恨。人们也许会说，宗教的目的是向这些感情表示敬意，假如它们在某些渠道中流动的话。正是由于这些感情从总体上说给人类造成痛苦，所以宗教是一种使人变恶的力量，因为它允许人们无节制地放纵这些感情，如果没有它的支持，人们至少在某种程度上可以控制这些感情。

在这一点上，我能想象出一种反对观点，这种观点虽然也许不太可能得到大多数正统教徒的力挺，但还是值得加以考察的。有人也许会说，憎恨和恐惧是人类的本性；人类过去一直有这些感情，将来还会一直有。有人可能会对我说，你处理这些感情最好的办法是，把它们引导到某些相对说来危害比较小的渠道里。基督教神学家也许会说，教会对待这些感情就像它对待它为之哀叹的性冲动一样。教会试图通过把性欲限制在婚姻生活的范围内，而使性欲变得无害。所以，有人也许会说，如果人类不可避免地会有憎恨这种感情，那么，最好还是把憎恨对准那些真正有害的人，这正是教会用它的正义概念所做的事。

对于这种争论有两种回答——一种比较肤浅;另一种则刨根究底。肤浅的回答是:教会的正义概念并不是可能得出的最好概念;根本性的回答是:用我们现在的心理学知识和我们现在的工业技术,就能把憎恨和恐惧从人类生活中彻底铲除。

先看第一点。教会的正义概念从各方面来看都是对社会有害的——首先在于它贬低理智和科学。这个缺点是从福音书那里继承来的。基督要我们变得像小孩一样,但是小孩不能理解微分、货币原理或与疾病作斗争的现代方法。按照教会的说法,获得这种知识根本不是我们的本分。教会已不再坚持认为知识本身是有罪的,尽管它在兴盛时期就是这样认为的;但是即使获得知识不是有罪的,那也是危险的,因为它会导致理智的傲慢,从而怀疑基督教的教义。例如,拿两个人来说,其中一个扑灭了曾席卷广大热带地区的黄热病,但在其工作期间曾偶尔与一个不是其配偶的女子发生关系;而另一个却懒惰成性,庸碌无能,每年生一个孩子,直至他的妻子衰竭而死,他对于孩子几乎不尽照料之责,致使他们中的一半死于各种可预防的原因,但他从来不喜欢搞不正当的男女关系。每一个虔诚的基督教徒必定会坚称,后者的品德比前者更加高尚。当然,这种态度是迷信的,是完全违背理性的。但是,只要防止罪恶被认为比实际的功绩更重要,只要知识作为对于值得称赞的生活的一种有助益的东西的重要性没有得到承认,这种多少有点荒唐的现象仍然是不可避免的。

更加根本性地反对教会利用恐惧和憎恨的第二种观点是:现在通过教育、经济和政治的改革,就能把这些感情从人性中消除殆尽。教育改革应当是基础,因为具有恐惧和憎恨的人也会赞美这些感情,并且希望永远保持这些感情,尽管这种赞美和希望可能是无意识的,普通基督教徒的情况就是如此。创造以消除恐惧为目的的教育并不困难。这种教育只需对孩子和蔼可亲,使他们生活在首创精神不可能招致灾难性结果的环境里,不让他们与具有不合理的恐惧(不管是对黑暗、对老鼠,还是对社会革命的恐惧)的成人接触。孩子也不应当受到严厉的惩罚、恐吓,或过严的责备。使孩子没有憎恨是一项比较细致一点的工作。应当通过对不同的孩子审慎而严格的一视同仁,非常小心地避免出现各种引起妒忌的情况。孩子必须亲身感受到至少是和他有关的某些成人的钟爱,他的合乎天性的活动和好奇心不应当受到压制,只要它们不危害生命或健康。尤其是不必忌讳性知识,也不必忌讳谈论思想守旧的人认为不成体统的事情。如果一开始就遵守这些简单的准则,那么,孩子就会变得无畏和友善。

不过,这样教育出来的年轻人一进入成年生活阶段,就会觉得自己突然进入了一个充满不公正、残忍、可防止的苦难的世界。现代世界上所存在的不公正、残忍和苦难都是过去遗留下来的,它们最终的根源是经济的原因,因为争夺生活资料的生死搏斗在从前是不可避免的。这种生死搏斗在我们的时代并不是不可避免的。凭借我们目前的工业技术,只要我们愿意,我们就能为每个人提供尚可以的生活。假如我们没有受到宁要战争、瘟疫和饥荒也不要避孕的教会的政治影响的阻挠,我们还能够使得世界人口保持稳定。能够促成全世界普遍幸福的知识已经存在;为了那个目的而利用这种知识的主要障碍是宗教教义。宗教阻止我们的孩子接受合理的教育;宗教阻止我们排除战争的根本原因;宗教阻止我们讲授科学合作的道德规范以代替有关罪孽与惩罚的陈腐而凶残的教义。人类可能就站在黄金时代的门口;但是,如果是这样的话,那么首先必须杀死那条守门的龙,而这条龙就是宗教。

三、我们死后灵魂还能存活吗？

这篇文章最初于1936年发表在《生死的奥秘》一书中。该书同时还发表了罗素提到的那篇巴恩斯主教的论文。

在我们能有益地讨论我们死后灵魂是否将继续存活这个问题之前，最好能弄清楚一个人和昨天的他是同一个人的含义。哲学家们过去一直认为存在着明确的实体，即各自都一天一天延续下去的灵魂与肉体；认为灵魂一旦被创造出来就持续地存在于整个未来，而肉体暂时停止死亡直到身体复活为止。

这一学说中有关现世生活的那部分内容，可以相当肯定地说是虚妄的。肉体的物质通过吸收营养和消耗能量的过程不断地变化着。即使不是这样，物理学中的原子也不再被认为持续存在；说这与几分钟前存在的那个原子是同一个原子，是没有意义的。人体的持续是外貌和行为的事，而不是实体的事。

同样的情况也适用于心灵。我们思想、感觉、行动，但是除了思想、感觉、行动之外，并不存在处理或经历这些所发生的事情的心灵或灵魂这样一种纯实体。人的心理持续是习惯和记忆的持续：昨天存在着一个我能记得其感情的人，我把那个人当作是昨天的我自己；但是事实上，这个昨天的我自己只是现在被记起来的某种心理事件,并且这种心理事件被认为是现在想起它们的这个人的一个组成部分。构成一个人的只是一系列由记忆和某种我们称之为习惯的类似的东西联系起来的经验。

因此,如果我们要相信人死后灵魂还继续存活,我们就得相信构成人的记忆和习惯会在一系列新出现的事情中显示出来。

没有人能够证明这不会发生。但是人们不难发现这是不太可能发生的。我们的记忆和习惯与脑的结构有密切关系,大致上就像河流与河床的关系一样。河里的水总是在变化,但它保持着同一个流向,因为以前所降的雨已冲刷出了一条河道。同样,以前的事件也在脑子中冲出了一条"渠道",我们的思想就沿着这条渠道流动。这就是记忆和心理习惯的成因。但是作为一种结构的脑,在死亡的时候就解体了,因此,记忆可能被认为也解体了。在地震使得原来是溪谷的地方隆起一座山峰以后,人们不再有理由要求河水始终不渝地在旧河道中流动。

一切记忆,因此(人们会说)一切心智,都依赖于某些类型的物质结构中一个非常显著的特性,但在其他类型的物质结构中这个特性即使有也是少到几乎不存在。这就是由于时常发生类似的事情而形成习惯的特性。例如:亮光使眼睛的瞳孔收缩;如果你反复用光照射某人的眼睛,同时敲打铜锣,最后,单凭锣声就能使他的瞳孔收缩。这是有关脑和神经系统,也就是说,有关某种物质结构的事实。人们会发现,完全类似的事实解释了我们对语言的反应和我们对语言的使用,解释了我们由此引起的记忆和情感,解释了我们道德的和不道德的行为习惯,实际上解释了,除了由遗传决定的那部分心理个性之外,构成我们心理个性的一切。由遗传决定的那部分心理个性被传给我们的后代，但是在个人中，人体解体后它便不可能继续存在。因而，就我们的经验来说，个性的先天遗传部分和后天习得部分都与某些人体结构有密切关系。我们都知道，脑受损伤可以使记忆消失，昏睡性脑炎可以使有德性的人变得邪恶，缺碘会使聪明的孩子变成白痴。鉴于这种常见的事实，心智在死亡时所发生的脑结构彻底崩溃之后还继续存在，这似乎是不太可能的。

使人信仰来世的不是理性的论证，而是情感。

这些情感中最重要的是对死亡的恐惧，这种恐惧是本能的，而且从生物学的角度来看也是有益的。如果我们真诚而且全心全意地信仰来世，我们就应该完全停止对死亡的恐惧。结果会是稀奇古怪的，而且也许还会使我们大多数人深感遗憾。但是，我们人类和亚人类的祖先在许多地质年代中一直在与自己的敌人战斗，并把他们消灭，而且因勇敢而受益；因此，对于生存斗争中的胜利者来说，必要时能克服对死亡的出于本性的恐惧，是一种优势。在动物和野蛮人中，本能的好斗性就能满足这一目的的需要；但是在某个发展阶段，正如伊斯兰教徒最先所证实的，信仰天国，作为增强天生的好斗性来说，具有相当大的军事价值。所以，我们应当承认，军事家鼓励信仰灵魂不朽是明智的，我们始终认为，这种信仰并没有达到如此痴迷，以至产生对世事冷漠的程度。

鼓励信仰死后灵魂不朽的另一种情感，是对人的优点的赞赏。正如那位伯明翰的主教所说："他的心灵是一架比早先出现过的任何东西都精美得多的仪器——他知道对错。他能建造威斯敏斯特大教堂。他能制造飞机。他能计算太阳的距离……。那么，人死了会彻底消亡吗？那种不可比拟的仪器，他的心灵，在生命停止时也死灭了吗？"

这位主教继续论证："宇宙是因明智的意向而形成，并受其支配"，如果创造了人，再让他死灭，那就不明智了。

对于这一论证，有许多答复。首先，在对自然的科学研究中，人们发现，道德价值和美学价值的干扰一直是发现的障碍。以前人们总认为，天体一定作圆周运动，因为圆周是最完美的曲线；物种一定是永远不变的，因为上帝只会创造完美的东西，所以它们没有改进的必要；除了悔罪以外，与流行病作斗争是没用的，因为它们是作为对罪孽的惩罚而被派遣来的，等等。不过，人们觉得，就我们所能发现的来说，自然对于我们的价值观念是不感兴趣的，而且，只有无视我们的善恶观念才能了解自然。宇宙可能有一种意向，但是，如果是这样的话，我们所知道的东西无一能使人们联想到这种意向与我们的意向有什么相似之处。

这也没有什么惊人之处。巴恩斯博士告诉我们说，人"知道对错"。但事实上，正如人类学所表明的，人们关于对错的看法变化无常，没有一种看法是永久不变的。因此，我们不能说人知道对错，而只能说有些人知道对错。哪些人呢？尼采所赞成的道德和基督的道德大不相同，某些拥有很大权力的政府接受了他的学说。如果关于对错的知识可以作为支持灵魂不朽的论据，那么，我们首先必须决定究竟是相信基督呢，还是相信尼采，然后论证，是基督徒是不死的，而希特勒和墨索里尼不是不死的呢，还是希特勒和墨索里尼是不死的，而基督徒不是不死的。这个决定显然将在战场上而不是在书斋里被作出。谁有最厉害的毒气,谁就会有将来的道德规范,因而也将成为不死的人。

我们关于善恶问题的感情与信仰,像关于我们的其他所有事物一样,也是在生存斗争中发展起来的自然事实,并没有什么神性的或超自然的根源。《伊索寓言》中有一则寓言说到:有人把猎人捕捉狮子的图画拿给狮子看,狮子说,要是这些画是它画的话,它们所呈现的就会是狮子捕捉猎人。巴恩斯博士说,人是灵慧的家伙,因为他能制造飞机。不久前,有一首赞颂在天花板上仰着爬行的苍蝇如何灵巧的流行歌曲,合唱的歌词为:"劳合·乔治能行么?鲍德温先生能行么?拉姆齐·麦克能行么?唉,肯定不行。"[1]在这个基础上,一只有神学头脑的苍蝇就能作出非常有力的论证,其他苍蝇毫无疑问也会认为这个论证是最有说服力的。

此外,只有当我们抽象地思考时,我们才会对人有如此高的评价。至于具体的人,我们大多数人都认为绝大多数是很坏的。文明国家把半数以上的岁入都花费在彼此屠杀对方国家的民众上。不妨考虑一下由道德热情所引起的活动的漫长历史:人祭、对异教徒的迫害、对行巫者的搜捕、大屠杀,直至用毒气成批成批地杀戮,巴恩斯博士至少有一位主教派同僚必然会被认为是赞成这些活动的,因为他认为和平主义是反基督教的。这些令人厌恶的活动,以及促成这些活动的道德学说,真的是关于智慧的造物主的证据吗?我们真的能够希望从事这种活动的人永生吗?我们生活在其中的

---

[1] 劳合·乔治(Lloyd George)、鲍德温(Baldwin)和拉姆齐·麦克唐纳(Ramsay MacDonald)是当时英国三大政党领袖,都曾担任英国首相。——译者

47 这个世界可以被看成是混乱与意外的结果；但如果世界是审慎的意向的结果，那么这种意向必定是魔鬼的意向。就我来说，我觉得意外是一种不太痛苦而且似乎更加可信的假设。

四、好像,母亲?
不,是这样就是这样①

这篇论文写于1899年,以前从未发表过。我们之所以在这里发表这篇论文,主要是因为它的历史重要性,因为它表示罗素对他早年在剑桥所拥护的黑格尔哲学的首次反叛。虽然他那时反对宗教不像第一次世界大战以后那么明显,但他的有些批判性的意见是建立在相同的基础上的。

哲学,在它还繁荣昌盛的年代里,声称它为爱好它的人提供各种最重要的服务。在逆境中,它给他们以安慰;在遇到知识方面的疑难问题时,它给他们以解释;在道德方面感到困惑时,它给他们以指导。难怪小兄弟一看到它的用处的实例,就怀着年轻人的热情惊呼:

神圣的哲学,多么迷人!
并不像笨伯所认为的那样,刺耳和晦涩,

---

① 罗素用莎士比亚戏剧中的一句话作为这篇论文的标题,译文见朱生豪翻译的《哈姆雷特》第一幕第二场第七十六行。——译者

而是像阿波罗的鲁特琴一样悦耳。①

但是那些幸福的日子一去不复返了。哲学,由于他自己的子女慢慢取得了胜利,所以只好一个一个地放弃其崇高的抱负。知识方面的疑难问题大部分已为科学所获得——哲学对于他还在努力予以回答的少数特殊问题所渴望拥有的所有权,被大多数人看作是黑暗时代的残余,而且正在迅速转移到 F. W. H. 迈尔斯先生的严谨的科学。道德方面的困惑——直到不久前哲学家们还毫不迟疑地将它们视为自己的禁脔——已为麦克塔格特和布拉德利先生所抛弃而让它们受统计学和常识的离奇想法的指导。但是,麦克塔格特仍然认为,给予安慰和慰藉的权力——这位无权者的最后的权力——属于哲学。这就是今天晚上我想剥夺我们现代诸神的衰迈父母最后所拥有的东西。

乍看起来,似乎很简单就能解决这个问题。麦克塔格特可能会说:"我知道哲学能给人以安慰,因为它确实使我感到安慰。"但是,我将试图证明,给他以安慰的那些结论不是由他的总立场得出的——无可否认,那些结论确实不是由他的总立场得出的,它们之所以能被记住,似乎只是因为它们给他以安慰。

因为我不想讨论哲学的真实性,而只是想讨论哲学的情感价值,所以,我将假设以现象与实在之间的区别为基础的形而上学,并认为实在是无时间性的和完美的。任何这样一种形而上学的原

---

① 原文见约翰·弥尔顿(John Milton,1608—1674)的假面诗剧《科玛斯》(Comus,1634)。——译者

理都可以被简括地表达出来。"上帝在他的天庭，而大乱的是世界"——那就是它的最后一句话。但是，似乎可以认为，因为上帝在他的天庭，而且一直就在那儿，所以，我们可以期盼他有朝一日会降临大地——即使不是来评判生者与死者，至少也是来报答哲学家们的信仰。然而，上帝长期安于只是在天国中生存，似乎在人间的事务方面使人联想到一种斯多葛主义，把我们的希望寄托在这样一种主义上面也许是草率的。

不过要认真地讲一讲。一种学说的情感价值，像逆境中的安慰一样，似乎取决于它对未来的预言。从情感上讲，未来比过去，甚至比现在，更重要。"结局好就一切都好"，是关于人们一致公认的常识的格言。"早晨有阴霾，常常变晴天"是乐观主义；而悲观主义却说：

> 多少次我曾看见灿烂的朝阳
> 用他那至尊的眼媚悦着山顶，
> 金色的脸庞吻着青碧的草场，
> 把黯淡的溪水镀成一片黄金，
> 然后蓦地任那最卑贱的云彩
> 带着黑影驰过他神圣的霁颜，
> 把他从这凄凉的世界藏起来，
> 偷移向西方去掩埋他的污点。①

所以，从情感上讲，我们关于宇宙究竟是好还是坏的看法取决于未

---

① 译文见朱生豪等译《莎士比亚全集》(十一)，第191页。——译者

来,取决于它将是什么样子;我们总是及时地关心现象,除非我们确信未来比现在好,否则就很难知道我们可以在什么地方找到安慰。

实际上,未来与乐观主义有非常密切的关系,以至于麦克塔格特本人,尽管他的全部乐观主义依赖于对时间的否定,也不得不声称绝对是事物的未来状态,是"必定总有一天会变得显然可见的和谐"。强调这一矛盾也许是不友善的,因为使我意识到这一矛盾的,主要是麦克塔格特本人。但是我确实想要强调的是:从实在是无时间性的和永远善的这一学说中可以得到的任何安慰,都完全只是靠这一矛盾得到的。无时间性的实在与未来的关系不可能比它与过去的关系更密切:如果它的完美迄今还没有显现出来的话,那就没有理由认为它总有一天会显现出来——真的,十有八九上帝会待在他的天国里。我们可能会同样得体地谈到必定曾经一度是显然可见的和谐;这也可以是"我的悲伤在前,我的欢乐在后"——显然,这给予我们的安慰将是多么微不足道。

我们所有的经验都与时间有密切关系,我们也不可能想象出无时间性的经验。但是即使能想象出来,我们也不能毫无矛盾地认为我们总有一天将会有这种经验。所以,不管哲学能展示什么,一切经验很可能与我们所知道的经验相似——如果这在我看来似乎是坏的,那么任何关于有别于现象的实在的学说都不可能给我们以关于某个事物会变得更好的希望。我们确实陷入了没有希望的二元论:一方面,我们有我们所知道的世界,以及这个世界上所发生的令人愉悦和令人不快的事件、死亡、失败和灾难;另一方面,我们有一个想象的世界,我们称之为实在世界,并且用实在之大来弥补表明确实存在着这样一个世界的所有其他标志的缺乏。我们现在关于这个实在世界的唯一根据是：如果我们能理解实在，我们就会确信实在就是如此。但是，如果我们纯粹理想解释的结果到头来与我们所知道的世界——实际上就是与现实世界——有很大的不同；另外，如果我们正是由这一解释得出下述结论：我们永远不会经验所谓的实在世界，除非是在我们先前没有经验过其他任何东西的这种意义上；那么，关于对现存种种弊端的安慰，我看不出我们通过全方位形而上学地思维得到了什么。就以灵魂不朽这样一个问题为例。人们或者希望灵魂不朽是对今世不公的一种补偿，或者希望灵魂不朽是提供死后同自己所爱的人重逢的可能性（这是更可敬的动机）。后一种希望是我们都感觉到的，而且，如果哲学能够满足这种希望的话，我们就会因他们的满足而无限感激。但是，哲学充其量只能使我们确信灵魂是无时间性的实在。因此，灵魂会在时间的哪些点上（如果有这种点的话）碰巧出现，则完全与哲学无关，而且，从这种学说中也不能合理地推论出死后的存在。济慈仍然会抱憾：

> 我也许永远不会再看到你，
> 不会再陶醉于无忧的爱情
> 和它的魅力！①

而且，得知"瞬息的美人"不是形而上学的精确短语，并不能对他有

---

① 译文见查良铮译《济慈诗选》。——译者

多少安慰。"光阴将带着我的爱一起流逝","这念头如死亡不可幸免,怀抱那唯恐逝去的爱情只能哀叹啜泣"。这些诗句依然情真意切。关于无时间性的完美实在的学说的每一部分都是如此。凡是现在似乎是邪恶的东西——似乎是这样就是这样,这是邪恶的可悲特权——凡是现在出现的邪恶的东西,据我们所知,都会一直留存下去,折磨我们最后的子孙。我认为,这种学说中没有丝毫的安乐与慰藉。

基督教和先前所有的乐观主义确实把世界说成是由一位仁慈的上帝永恒地统治着,因而从形而上学的角度来看是善的。但是实际上,这只是证明世界未来之美好——例如,证明好人死后会快乐——的一种方法。它一直是给人以安慰的这种推论——当然是不合逻辑的推论。"他是好人,因此就会一切顺利。"

确实,有人也许会说,在认为实在是善的这种纯粹抽象的学说中,就有安慰。我自己并不接受这一学说的论据,不过,即使论据是正确的,我也看不出为什么它会是令人安慰的。因为我的论点的实质是:形而上学构想出来的实在与经验世界没有任何关系。它是一种空洞的抽象概念,根据这种抽象概念不可能正确地作出一个有关现象世界的推论,然而我们的兴趣却完全在于这个现象世界。甚至产生形而上学的那种纯理智兴趣,也是解释现象世界的一种兴趣。但是,形而上学并不真正地解释这个看得见摸得着的现实世界,而是构想另一个性质根本不同的世界,这个世界与现实经验如此不同,如此无关,以至日常生活的世界完全保持着一种不受其影响的状态而沿着自己的道路发展,就像根本不存在实在世界一样。即使允许我们把实在世界看作是"另一个世界",看作

四、好像，母亲？不，是这样就是这样

是存在于空中某处的天堂，想到别人具有我们所缺乏的完美经验，无疑也会感到安慰。但是，我们肯定会对以下这种说法不感兴趣，因为它不能证明我们的经验比实际上好：我们知道，我们的经验就是那种完美的经验。另一方面，说我们的现实经验不是哲学构想出来的那种完美经验，就等于切除哲学实在所能具有的那种唯一的存在——因为天国里的上帝不能被断言为是一个脱离肉体的人。因此，要么我们现存的经验是完美的（这是空洞的词句，它并没有使我们现存的经验比以前更好）；要么就没有完美的经验，而没有一个人经验到的我们的实在世界只存在于形而上学的书本中。不管是哪种情况，在我看来，我们不可能在哲学中找到宗教的安慰。

当然，在某一些意义上，否定哲学可以给我们以安慰，也许是荒谬的。我们可能会发现推究哲理是度过上午时光的一个令人愉悦的方法——在这种意义上，由此获得的快慰，在极端的情况下，甚至可以与作为度过晚上时光的一个方法的饮酒的快慰相比拟。再者，我们可以在美学上利用哲学，就像我们大多数人很可能利用斯宾诺莎一样。我们可以把形而上学，也像诗歌和音乐一样，当作产生情绪，形成某种宇宙观、某种生活态度的手段——对作为结果而产生的心态的评价是因为所唤起的诗情的程度，而且与这种程度成比例，而不是与所持有的信仰的真实程度成比例。实际上，在这些情绪中，我们的满足似乎与形而上学家的表白正好相反。这是忘却真实世界及其邪恶的满足，是暂时使自己相信我们自己创造的这个世界的真实性的满足。这似乎是布拉德利为形而上学辩护的理由之一。他说："当诗歌、艺术和宗教已完全不能引起人们

的兴趣的时候,或者当它们不再显现出任何与终极问题作斗争的倾向,而是与这些问题达成协议的时候;当神秘和着迷的感觉不再使心灵漫无目的地游荡,不知道自己爱的是什么的时候;总而言之,当曙光和暮光失去魅力的时候——那时,形而上学就将毫无价值。形而上学在这方面对我们所起的作用,基本上就是,比如说,《暴风雨》①"对我们所起的作用——但是,它的关于这个观点的价值,同它的真实性完全无关。我们重视《暴风雨》,并不是因为普洛斯彼罗②的魔法使我们认识了精神世界;从美学上讲,我们重视形而上学,并不是因为它把精神世界告诉了我们。这就揭示了我所承认的美学满足与我认为哲学所绝对没有的宗教安慰之间本质上的差异。对于美学满足来说,并不需要理智上的确信,所以,当我们寻求美学满足时,我们可以选择给我们以最大美学满足的形而上学。另一方面,对于宗教安慰来说,信仰是必不可少的,而我则坚持认为,我们从我们所相信的形而上学中得不到宗教安慰。

不过,采用多少有点神秘的美学情感论,就有可能对论点作精心的改进。有人可能会认为,虽然我们绝不可能完全如实地经验实体,但是有些经验比起其他经验来却更接近实在一些,而这些经验可以说是艺术和哲学给予的。在艺术和哲学有时给予我们的这种经验的影响下,似乎很容易接受这一观点。对于有形而上学激情的那些人来说,很可能就没有任何像关于真福直观③所改造的

---

① 莎士比亚的剧作。——译者
② 《暴风雨》中的主人公。——译者
③ 指圣徒灵魂在天堂对上帝的直接认知。——译者

世界的、哲学有时所给予的那种神秘感那样丰富、美丽，那样完全值得想望的情感。正如布拉德利再次所说："我们有些人通过这种途径，有些人通过那种途径，似乎接触到了超越可见世界的东西，并与之神交。我们用各种不同的方法发现了某种更高的东西，它既支持我们又贬抑我们，既惩戒我们又援助我们。而对于某些人来说，理智上了解宇宙的努力是经验上帝的主要方式……。"他接着说："这似乎是某些人从事终极真理研究的另一个理由。"

但是，这不同样是希望这些人寻求不到终极真理的理由吗？但愿终极真理与《现象与实在》中提出的学说真有相似之处。我不否认情感的价值，但是我否认这样一种观点：严格地说，它在任何特殊意义上是真福直观，或上帝的经验。当然，在一种意义上说，一切经验都是上帝的经验，但是在另一种意义上说，因为一切经验都毫无例外地是在时间之中，而上帝是无时间性的，所以没有一种经验是上帝的经验——卖弄学问"本身"会命令我补充。现象与实在之间的鸿沟是如此之深，以至于根据我的判断，我们没有理由把某些经验看作是比其他经验更接近于完美的实在经验。因此，我们所说的这种经验的价值肯定是完全以它们的情感特性为基础，而不是像布拉德利似乎提出的那样，以可能依附于它们的那种真理的优越程度为基础。但是即便如此，它们充其量也不过是推究哲理的慰藉，而不是哲学的慰藉。它们构成了追求终极真理的一个理由，因为它们是在途中采集的花朵；但它们不是对于达到终极真理的奖赏，因为根据所有出现的情况来看，这些花朵只生长在道路的起点，它们在我们远未到达旅程的终点之前就消失了。

毫无疑问，我所主张的观点不是令人鼓舞的观点，它即使被人们普遍接受,可能也不会促进哲学的研究。如果我愿意的话,我可以用这样一句格言为我的论文辩护:"在一切皆腐败的地方,叫卖臭鱼是男人的工作。"但是我更愿意提出:当形而上学企图代替宗教的时候,它实际上是把自己的职责弄错了。我承认,它代替得了;但是我坚持认为,它的代替是以沦为坏的形而上学为代价的。为什么不承认形而上学像科学一样得到理智上的好奇心的辩护,所以应当受理智上的好奇心的指导呢?我们大家必须承认,在形而上学中寻求安慰的欲望产生了很多谬误的推理和理智上的不诚实。无论如何,摈弃宗教会把我们从理智上的不诚实中解救出来。因为有些人有理智上的好奇心,他们就很可能会摆脱迄今仍存留的谬误。让我们再次引用布拉德利的话:"如果一个人的天性使他的主要欲望只通过一条途径就能圆满实现,那么,他就会试图沿着这条途径寻求圆满,不管这是怎样一种圆满,也不管世人对此有什么想法;要是他不这样做,他就是可鄙的。"

五、论天主教与新教的怀疑论者①

任何与各国出自不同门第的自由思想家有过许多接触的人，肯定都会对天主教出身的自由思想家与新教出身的自由思想家之间显著的区别有深刻的印象，不管他们是在多大的程度上认为自己已经抛弃了年轻时所学的神学。新教徒与天主教徒之间的区别，在自由思想家中间就像在信徒中间一样明显；的确，本质的区别也许比较容易发现，因为它们并不是潜藏在教条的公开分歧背后。当然，这里有一个困难，那就是：大多数新教无神论者是英国人或德国人，而大多数天主教无神论者是法国人。那些像吉本那样与法国思想有过亲密接触的英国人，尽管他们是新教出身，却习得了天主教自由思想家的特点。然而，广泛的区别则依然存在，而努力找出这种区别之所在，可能是饶有乐趣的。

人们可以把约翰·斯图亚特·穆勒的自传中所描写的他的父亲詹姆斯·穆勒看作是一个极其典型的新教自由思想家。约翰·斯图亚特·穆勒写道："我的父亲受过苏格兰长老会信条的教育，很早就通过自己的研究和思考，不仅拒绝相信启示，而且也拒绝相信通常被称作自然宗教的那种崇拜的根据。我父亲拒斥一切

---

① 写于1928年。

被称作宗教信仰的东西,他的这种拒斥并不像许多人可能猜想的那样主要是逻辑和证据的问题:他拒斥的理由与其说是理智上的,倒不如说是道德上的。他觉得,人们不可能相信如此充满邪恶的世界,是既拥有无限的权力又具有完美的善和正义的造物主的作品……。在通常附着于宗教这个词的意义上,他对宗教的厌恶与卢克莱修对宗教的厌恶是同一类型的厌恶;他怀着不是因纯粹心理上的妄想,而是因道德上的大恶而产生的那种感情看待宗教。假如允许我获得与我父亲关于宗教的坚定信念和感情相反的印象,那就会与他的责任观念完全不符:他从一开始就要我牢记,世界形成的方式是人们一无所知的课题。"然而,毫无疑问,詹姆斯·穆勒依然是个新教徒。"他告诫我对宗教改革运动要有最强烈的兴趣,因为它是反对教士专制、争取思想自由的伟大而具有决定性意义的斗争。"

在所有这一切上,詹姆斯·穆勒只是在贯彻约翰·诺克斯的精神。他是个非国教教徒,但却属于一个极端教派,并且依然保持着他的先驱们所特有的道德上的认真和对神学的兴趣。从一开始,新教徒就因他们所不相信的东西而有别于反对他们的人;因此,再抛弃一条教义,只不过是使这个运动又向前推进一个阶段而已。道德热情是问题的本质。

这只是新教道德与天主教道德之间的特殊区别之一。对新教徒来说,特别好的人就是反对权威和被普遍接受的学说的人,比如沃尔姆斯议会中的路德。新教徒关于善的概念就是关于某种个人的和孤立的东西的概念。我自己也曾受过新教教育,在我年轻的

五、论天主教与新教的怀疑论者

心灵中印象最深的经句之一是:"不可随众行恶。"①我感觉到,这一经句至今仍影响着我最重要的行动。天主教徒关于美德的概念则完全不同:他认为,一切美德中都有驯服的因素,不但要顺从启示于良知中的上帝的声音,而且还要顺从作为启示储藏室的教会的权威。这使天主教徒关于美德的概念的社会性远远超过新教徒的这一概念的社会性,并且在天主教徒与其教会断绝关系时产生大得多的痛苦。新教徒脱离曾培养他成长的新教某一教派,那只是在做不久以前那个教派的创立者们所做的事情,他的这种心态适合于创建新教派。但是,天主教徒要是没有天主教会的支持就会不知所措。当然,他可以加入其他某个机构,比如说共济会,但是他仍然会意识到绝望的反叛。而且他通常仍然深信,至少是下意识地深信,有道德的生活仅限于天主教徒,所以,对于自由思想家来说,最高尚的那种美德是不会有的。这种深信根据他的性格而以各种不同的方式支配他;如果他是性情开朗、脾气随和的人,他享受威廉·詹姆斯所谓的道德假期。这类人中最完美的范例是蒙田,他敌视体系和演绎,也让自己得到理智假期。现代人不一定都了解文艺复兴究竟在多大程度上是一场反理智运动。在中世纪,对事物加以证明乃是风俗;文艺复兴首创了观察事物的习惯。蒙田唯一赞成的三段论法是证明特称否定的那些三段论法,例如,在他用渊博的知识来论证像阿里乌一样死亡的人并不全是异教徒时,就是如此。在列举了以这种或类似的方式死亡的各种恶人之后,他继续说:"但是这有什么关系!伊里奈乌斯也落得个同样的

---

① 《圣经·出埃及记》第二十三章第二节。——译者

下场：上帝的意图是要我们知道，除了现世的好运和厄运以外，好人还有其他希求的东西，恶人还有其他恐惧的东西。"与新教自由思想家相反，在某种意义上，对于体系的这种厌恶，依然是天主教自由思想家的特征；原因还是：天主教神学体系如此堂皇，以至于不能允许个人（除非他具有英雄的魄力）建立另一个体系来与之竞争。

　　天主教自由思想家因此倾向于避免道德上和理智上的一本正经，而新教自由思想家则很容易染上道德上和理智上的一本正经。詹姆斯·穆勒教导他的儿子说："'谁创造我？'这个问题是无法回答的，因为我们没有回答这个问题的经验或可靠消息；任何回答只会使困难进一步加剧，因为立即就会出现'谁创造上帝？'这个问题。"把这与伏尔泰在《哲学辞典》中有关上帝的论述比较一下吧。该书中"上帝"这个条目的开头部分如下："在阿卡狄乌斯统治时期，君士坦丁堡的神学讲师洛戈马科斯到西徐亚去，驻足于高加索山下科尔基斯边境富饶的泽弗里姆平原。那个可敬的老头儿唐丁戴克正在他的大羊棚和他的大粮仓之间的大厅里；他跟他的妻子、五个儿子、五个女儿、他的父母，以及他的仆人们都跪着，他们在吃完一顿清淡的饭餐之后，唱颂主诗歌。"

　　这个条目以同样的语调写下去，最后得出的结论是："从这时候起，我决心永远不再争论。"人们无法想象有什么时候詹姆斯·穆勒会决心不再争论，也无法想象有什么问题，哪怕不太高尚的问题，他会用寓言来说明。他也不会使用王顾左右而言他的技巧，就像伏尔泰在谈到莱布尼茨时所做的那样："他在德国北部宣称上帝只能创造一个世界。"或者把詹姆斯·穆勒断言存在邪恶时所怀的道德热情与伏尔泰谈论同一件事情的下面这段话作一比较:"身体健康且正在'阿波罗'①的客厅与朋友和情妇一起享用盛餐的卢库卢斯②,可能会开玩笑地说要否认存在邪恶;但是如果他看一眼窗外,他就会看到一些悲惨的人;如果他发烧了,他自己就会很难受。"

蒙田和伏尔泰是开朗的怀疑论者的最高典范。但是,许多天主教自由思想家绝不是开朗的,他们总是感到需要刻板的信仰和发号施令的教会。这种人往往变成共产主义者;列宁是这方面最好的例子。列宁从一个新教自由思想家那里接受了自己的信仰(因为犹太人与新教徒在心理上是无法区别的),但是他的拜占廷式的身世迫使他创立一个教会,作为信仰的看得见的具体体现。同样的尝试的一个不太成功的例子是奥古斯特·孔德。有他那种气质的人,除非具有异乎寻常的力量,迟早都会再次投入教会的怀抱。在哲学领域中,一个非常有趣的例子是桑塔亚那先生,他总是热爱正统本身,但是他渴望得到某种在理智上不像天主教会所提供的那样令人厌恶的形式。他一向喜欢天主教的教会制度及其政治影响;一般地说,他喜欢教会承袭希腊和罗马的东西,但是不喜欢教会承袭犹太人的东西,当然,包括教会认为应当归功于其创建者的一切。他可能希望卢克莱修成功地创立一个以德谟克利特的学说为基础的教会,因为唯物主义对他的才智始终有吸引力,而且,至少在他的早期著作中,他几乎崇拜物质而不是将这一荣誉授

---

① "阿波罗"是当时卢库卢斯的豪华的住所之一。——译者
② 卢库卢斯(Lucullus, Lucius Licinius,公元前约117—前58或56),罗马将军。后历任营造官和执政官。——译者

予其他什么事物。但是最后他似乎开始觉得,现实存在的教会要比被限制在本质王国里的教会好。然而,桑塔亚那先生是一个特殊现象,他几乎不能适合我们现代的任何范畴。他实际上是前文艺复兴学者,而且,甚至可能与但丁认为由于坚持伊壁鸠鲁学说而在地狱里受苦的吉伯林派①是一类人。长期迫不得已地与美洲的接触必然会在西班牙气质中产生的怀旧之情,毫无疑问,进一步证实了这一观点。

众所周知,乔治·艾略特曾告诫 F. W. H. 迈尔斯,上帝是不存在的,但是我们应当行善。乔治·艾略特在这方面是新教自由思想家的典型。总而言之,可以说,新教徒喜欢行善,他们发明神学是为了使自己行善;而天主教徒喜欢作恶,他们发明神学是为了使他们的邻居行善。因而就有了天主教的社会性和新教的个人性。典型的新教自由思想家杰里米·边沁认为,自我满足的快乐是所有快乐中最大的快乐。所以,他不喜欢大吃大喝、过荒淫的生活,或偷邻居的钱包,因为这些都不能使他产生他和杰克·霍纳共享的那种极度的兴奋,但是产生那种极度的兴奋并不那么容易,因为他若想得之,先必弃之。另一方面,在法国首先崩溃的是禁欲主义道德;接踵而来的是由此引起的对神学的怀疑。这种差异可能与其说是教义的,不如说是民族的。

对于宗教与道德的关系,应该不带偏见地从地理学的角度加以研究。我记得在日本偶尔遇见一个和尚身份是世袭的佛教教

---

① 吉伯林派(Ghibellines),意大利中世纪的保皇党成员,他们反对拥护教皇的归尔甫派。——译者

派。我问这怎么可能,因为一般佛教徒都是独身;没有人能告诉我,但最后我在一本书中查明了真相。那个教派似乎起源于因信称义的学说,它似乎推断说只要能保持信仰纯正,罪不罪无关紧要;结果,和尚们都决定犯罪,但是唯一对他们有诱惑力的罪是结婚。从那时起一直到现在,这个教派的和尚都结婚了,不过在其他方面他们过着无可指责的生活。如果能使美国人相信结婚是一种罪,那么,他们也许再也不会觉得有离婚的必要了。给许多无害的行为贴上"罪"的标签,但又宽恕那些做出这种行为的人,这也许是一种明智的社会制度的真髓。这样就可以在不损害任何人的情况下获得邪恶的快乐。我在对待孩子的问题上勉强接受了这一观点。每个小孩都间或想淘气,如果对他进行合理的教诲,那么,他就只能通过某些真的有害的行为来满足淘气的冲动;而如果告诫他说星期天打牌是邪恶的,或者告诫他说星期五吃肉是邪恶的,那么,他就能在不伤害任何人的情况下满足犯罪的冲动。我并不是说我在实践中就按这个原则行事;不过我刚才说到的佛教教派的例子,倒使人想到这样做也许是不明智的。

过于刻板地强调我们一直在试图区别的新教自由思想家与天主教自由思想家之间的差别也是不行的;例如,18世纪末的百科全书派和启蒙思想家属于新教型,而塞缪尔·勃特勒,我认为属于天主教型,尽管我这样说时有点踌躇。人们所看到的主要区别是:新教型偏离传统主要是在理智方面,而天主教型偏离传统则主要是在实践方面。典型的新教自由思想家,除了拥护异教的见解之外,丝毫不想做他的邻里反对的任何事情。"吐"①的《与赫伯特·斯宾塞一起过的家庭生活》(现有的最好看的书籍之一)提到那位哲学家通常的看法,大意是:"他除了道德品质不错之外,没有什么值得肯定的地方。"赫伯特·斯宾塞、边沁、穆勒父子,或在其著述中主张快乐是生活的目的的其他任何英国自由思想家大概没有想到过——我认为,这些人当中大概谁也没有想到过,自己去寻求快乐,而得出同样结论的天主教徒则可能必须努力地按照这些结论去生活。应当指出的是,在这一方面,世界在变化。现在的新教自由思想家往往在思想和行动上很随便,但那只是新教全面衰败的一个征兆。在过去的美好日子里,一个新教自由思想家也许可以决定在理论上赞同自由性爱,然而终生却过着严谨的独身生活。我认为,这种变化是令人遗憾的。由于死板制度的崩溃,产生了伟大的时代和伟大的人物:死板的制度产生了必要的戒律和凝聚力,而这种制度的崩溃则释放出必要的活力。如果以为在崩溃的最初一瞬间所产生的值得赞颂的成果可以不断地延续下去,那就错了。毫无疑问,理想是行动上的某种刻板性加上思想上的某种可塑性,但这是除了短暂的过渡时期以外很难在实践中达到的。如果旧的正统观念衰朽了,刻板的新教义似乎很可能会通过必然的冲突而产生出来。俄国总有一天会有这样的布尔什维克无神论者:他们会对列宁的神性产生怀疑,并且会指出,爱自己的孩子并不是邪恶的。中国会有这样的国民党无神论者:他们会对孙

---

① "吐"(Two)可能是阿瑟·G. L. 罗杰斯(Arthur G. L. Rogers)的笔名,意为"二"。——译者

中山持保留态度,并且会不公开地尊孔。我担心自由主义的衰落会使人们越来越难以不拥护某种好斗的教义。各种各样的无神论者可能会不得不在一个秘密社团中联合起来,并且回到培尔①在其辞典中所发明的方法上去。不管怎么说,有这样一种安慰:迫害意见对文学风格有极妙的影响。

---

① 培尔(Bayle,Pierre,1647—1706),法国哲学家,著有《历史与批判辞典》。——译者

六、中世纪的生活[①]

为了迎合我们自己的偏见,我们对中世纪的描述甚至可能比对其他时期的描述歪曲得更加厉害。我们对中世纪的描述有时过于阴暗,有时又过于光明。对自己毫不怀疑的18世纪,把中古时代看成纯粹是野蛮的:在吉本看来,那时的人简直是我们"未开化的祖先"。对法国革命的反动,产生了对荒谬言行浪漫主义的赞赏,这种赞赏是以理性通向断头台这一经验为基础的。这就酿成了对沃尔特·司各特爵士使之在讲英语的民族中家喻户晓的、想象中的"骑士时代"的赞美。普通的男孩或女孩可能仍然为中世纪的浪漫观点所支配:他或她想象这样一个时代,那时骑士们身穿盔甲,手执长矛,常说"真的!"和"誓必",总是或者谦恭有礼,或者怒气冲冲;那时女士们全都美丽而又痛苦,但在故事的结尾则必定会得到救援。还有第三种观点,虽然它像第二种观点一样,也赞美中世纪,但它却完全不同;这就是由于厌恶宗教改革而产生的教会的观点。这里强调的是虔诚、正统、经院哲学和教会控制下的基督教世界的统一。它像浪漫主义观点一样,是对理性的反动,不过,它是一种不那么幼稚的反动,披着理性的外衣,求助于一度支配过世

[①] 写于1925年。

界,而且可能会再度支配世界的伟大的思想体系。

这几种观点中都有真实的成分:中世纪是未开化的,是具有骑士精神的,也是虔诚的。但是,如果我们真的想要了解一个时代,那么就不应该将它和我们自己的时代比照起来看,不管这种比照对它有利还是不利:我们应该试图按生活在那个时代的人的眼光来看那个时代。最重要的是,我们必须记住,在每一个时代,绝大多数人是平凡的人,他们关心的是他们日常生计问题,而不是历史学家所探讨的重大论题。艾琳·鲍尔女士在《中世纪人》这本妙趣横生的书中,描画了这样的凡夫俗子,这些人物的时间跨度是从查理曼时代到亨利七世时期。在她的画廊中,唯一的杰出人物是马可·波罗;其他五人几乎是无名之辈,他们的生平靠偶然幸存下来的文献才得以重现。骑士制度是贵族的事,在民主政治的史册中是找不到的;农民和英国商人表现出虔诚,但在宗教界却很少能看到虔诚;每个人远非像18世纪所预料的那么野蛮。然而,该书有一个非常鲜明的、支持"野蛮的"观点的对比:文艺复兴前的威尼斯艺术与14世纪中国艺术之间的对比。复制了两幅画:一幅是威尼斯的马可·波罗航海图,另一幅是中国14世纪赵孟頫的山水画。鲍尔女士写道:"一幅(赵孟頫的画)显然是一个高度发展的国度的作品,另一幅则是近乎天真幼稚的文明的产物。"凡是对这两幅画作过比较的人肯定都会有同感。

另一本最近新书,即莱顿的赫伊津哈教授的《中世纪的衰落》,非常有趣地描绘了14、15世纪的法国和佛兰德。在该书中,骑士制度得到了应有的注意,作者不是从浪漫主义的角度看骑士制度,而是把它看作是上层阶级的人们为了消磨他们乏味得难受的生活而发明的精心设计的游戏。骑士精神的基本部分是关于爱情的古怪而又典雅的概念,把爱情看作是某种得不到满足乃是愉快的东西。"当12世纪普罗旺斯的行吟诗人将得不到满足的欲望置于诗意的爱情概念的中心时,文明史上出现了一个重要的转折。宫廷诗……使欲望本身成为基本的主题,所以就创造了一种带上消极基调的爱情概念。"再则:

> 其理智概念和道德概念被置于"爱的艺术"这个神龛内的上层阶级的存在,依然是历史上一个相当奇特的事实。没有其他任何一个时代,文明的理想与爱情的理想融合到这种程度。正像经院哲学体现了把一切哲学思想结合在一个单一的中心里的这种中世纪精神的伟大努力一样,典雅爱情的理论在一个不那么高尚的领域里也倾向于囊括属于高贵生活的一切。

中世纪的许多事情都可以解释为罗马传统与德意志传统之间的冲突:一方面是教会,另一方面是政府;一方面是神学和哲学,另一方面是骑士精神和诗意;一方面是法律,另一方面是快乐、激情和非常任性的人的一切无政府主义的冲动。罗马传统并不是罗马帝国伟大时代的传统,而是君士坦丁和查斯丁尼统治时期的传统;但是虽然如此,它依然包含着好骚动的民族所需要的某种东西,没有这种东西,文明就不可能从中世纪的黑暗时代中重新出现。因为人是凶残的,所以只有用可怕的严厉手段才能把他们制伏;使用了恐怖手段,直到由于司空见惯而失去效用才罢手。在描绘了中世纪末期艺术特别受人喜爱的题材,亦即骷髅与活人共舞的"死亡

之舞"之后,赫伊津哈博士开始讲述巴黎的无辜婴孩教堂墓地,那里曾是维永①的同时代人散步消遣的地方:

> 骷髅和尸骨堆积在沿着三面围绕墓地的回廊而建的藏骸所里,它们数以千计地公然摆放在那里,向所有的人宣讲平等的课程。……在回廊下,"死亡之舞"展示着它的雕像和诗节。没有什么地方比那里更适合于拖着教皇和皇帝、僧侣和傻子前进的、龇牙咧嘴的死者这种猿猴似的雕像了。想要死后葬在那里的贝里公爵,曾请人把三个死者和三个生者的历史刻在教堂的正门上。一个世纪后,葬礼符号的这种展示以完成一尊巨大的死神雕塑而告终,这尊塑像现在还保存在罗浮宫,而且是这一切中仅存的遗物。这是作为1789年的皇宫阴郁的对应物的、15世纪的巴黎人时常出入的地方。人们日复一日、三五成群地在回廊下散步,观赏塑像,吟读简单易懂的诗句,这一切使他们联想到正在迫近的死亡。尽管那里不断地进行埋葬和发掘,可是它依然是公众闲逛和聚会的地方。商店盖在藏骸所前,妓女溜达于回廊之下。一个女隐士隐居在教堂旁边。男修士们到那里来布道,各种队伍在那里集结整顿。……有人甚至在那里举行盛宴。令人毛骨悚然的场所竟然成了人们常去的地方。

从对恐怖题材的喜爱中可以猜想到,残忍曾是民众最珍视的

---

① 维永(Villon,François,1431—1463以后),法国最伟大的抒情诗人之一。——译者

乐趣之一。孟人买盗匪,只是为了看他受苦刑,"人们对此欣喜不已,即使一个新的圣体死而复生,他们也不会这么高兴。"1488年,布鲁日有几个地方行政官因被怀疑叛国,三番五次地在集市遭严刑拷打,以娱民众。这些官吏恳求将他们处死,但是这个请求遭到了拒绝,赫伊津哈博士说:"这样人们可以目睹他们受苦,再饱眼福"。

归根到底,关于18世纪的观点也许有些事情可以说一说。

赫伊津哈博士的书中有一些论述中世纪后期艺术的、非常有意思的章节。绘画的细腻是建筑和雕塑无法比拟的,建筑和雕塑由于爱好与封建浮华相关联的壮美而变得华丽。例如,当勃艮第公爵雇用斯吕特在尚普莫尔雕制精细的耶稣受难像时,十字架上就出现了勃艮第和佛兰德的纹章。更令人瞠目结舌的是作为组像之一的耶利米像,他的鼻子上竟然架着一副眼镜! 作者描绘了一位伟大的艺术家被一个没有文化修养的资助人所左右这样一幅可悲的图画,接着他又开始撕毁这幅图画,说:也许"斯吕特自己认为耶利米的眼镜是一个非常幸运的发现"。鲍尔女士也提到过一个同样令人吃惊的事实:13世纪有一个意大利的删书者,他在维多利亚式精练方面胜过丁尼生,他出版的亚瑟王传奇,把朗斯洛和圭尼维尔的爱情故事全部删去。历史上有许多怪事,例如,16世纪一位日本的耶稣会会士在莫斯科殉教。我希望某个多闻博识的历史学家能写出一本叫作"奇闻纪实"的书来。在这样一本书里,耶利米的眼镜和那位意大利的删书者无疑应该占有一席之地。

七、托马斯·潘恩的命运①

虽然托马斯·潘恩是两次革命中的著名人物,而且还因为试图发动第三次革命险些被处以绞刑,但是他的形象在我们这个时代却渐渐变得暗淡无光了。在我们的曾祖父们看来,他有一点儿像是尘世的撒旦,是既反叛上帝又反叛君王的专搞颠覆的异教徒。他遭到通常都是意见不一致的三个人的极度仇视:这三个人是皮特、罗伯斯庇尔和华盛顿。其中前两个人想置他于死地,而华盛顿则谨慎地不采取能够救他一命的措施。皮特和华盛顿恨他,是因为他是个民主主义者;罗伯斯庇尔恨他,是因为他反对处决国王,反对恐怖统治。总是为在野党所尊敬,又总是被政府所憎恨,这就是他的命运:华盛顿在与英国人作战的时候,曾用最美好的言辞赞扬潘恩;在雅各宾派执政之前,法兰西民族曾给予他许多荣誉;甚至在英国,最杰出的辉格党政治家们也和他交朋友,聘请他起草宣言。他像其他人一样,也有缺点;但是,他之所以遭人恨,对他的诽谤之所以能得逞,则正是由于他的美德。

潘恩在历史上的重要性在于这样一个事实:他使得对民主的宣传民主化了。18世纪,在法国和英国的贵族中,在启蒙思想家

---

① 写于1934年。

和不信奉国教的牧师中,都有民主主义者。但是他们全都以只是对受过教育的人才有吸引力的方式,提出自己的政治见解。虽然潘恩的学说中并没有什么新颖的东西,但是他在写作方法上却是个创新者,他的文章简单明了,直截了当,没有学究气,譬如说每一个理解力强的工人都能读懂。这使他变成了危险人物;当他在他的罪名上又添加了宗教异端时,特权的维护者们就乘机把他骂得狗血喷头。

在他一生的前36年中,并没有迹象表明他具有在他后期活动中表现出来的那种才能。1739年,他出生在塞特福德,父母都是贫苦的贵格会教徒,13岁以前在当地的一所文法学校读书,13岁那年他成了一个胸衣裁缝。但是,他并不喜欢过安静的生活,在17岁时他试图应募而上了一条叫做《恐怖号》的武装民船,该船船长的名字叫迪阿思①。他的父母把他拉了回来,也许因此挽救了他的性命,因为此后不久该船200名船员中就有175人阵亡。但过后不久,在"七年战争"爆发时,他成功地在另一条武装民船上开始水手生涯,不过,我们现在对他短暂的海上冒险生活一无所知。1758年,他在伦敦作为一个胸衣裁缝被人雇用,次年结婚,但是几个月后他的妻子就去世了。1763年,他成了一名税务员,但是两年以后被解雇,因为他谎称外出检查,而实际上却是在家里学习。在极度贫困中,他成了一个每周收入10先令的教师,并试图成为圣公会牧师。由于在刘易斯恢复了他税务员的职务,他被从这种没有希望的权宜之计中解救了出来。他在刘易斯和一个贵格会女

---

① 迪阿思(Death),意即死亡。——译者

教徒结了婚,1774年由于一些无人知晓的原因与她正式分居。这一年他再度失业,原因显然是因为他组织了税务员要求增加工资的一次请愿。他变卖了自己所有的东西,刚好够偿还债务和给妻子留些生活费,但他自己却又陷入了贫困。

他在伦敦正想方设法向议会提交税务员请愿书的时候,结识了本杰明·富兰克林,富兰克林对他颇有好感。结果是,他于1774年10月带着富兰克林的、把他说成是一个"头脑机灵的好青年"的推荐信,乘船赴美。他一到费城,就开始显示作家的身手,几乎马上成了某家刊物的编辑。

他的处女作是发表于1775年3月的一篇反对奴隶制和奴隶贸易的令人信服的论文,不管他的一些美国朋友怎么说,他始终是奴隶制和奴隶贸易的不妥协的敌人。杰斐逊把后来被删掉的那段关于这个问题的话添加在《独立宣言》的草案中,似乎主要是由于潘恩的影响。1775年,宾夕法尼亚州还存在奴隶制;《1780年法令》废除了该州的奴隶制,人们普遍认为这个法令的序言是潘恩的手笔。

潘恩即使不是第一个拥护美国完全自主的人,也是最早拥护美国完全自主的人之一。1775年10月,当甚至连后来签署《独立宣言》的那些人也希望与英国政府取得某种和解的时候,他写道:

> 我从来都是毫不犹豫地相信,上帝最终会将美国和英国分开。把它叫作独立,或者你愿意把它叫作什么都可以,如果它是上帝和人类的事业,它就会继续下去。要是上帝赐福给我们,使我们成为只依赖于他的民族,那么就可以用大陆立法的法令

来表达我们最初的感恩,这个法令将制止输入黑奴进行贩卖,改善已经在这里的那些黑奴的悲惨命运,并将及时使他们获得自由。

正是为了自由——摆脱君主政体、贵族统治、奴隶制以及各种专制——潘恩才投身于美国的事业。

在独立战争最困难的年代里,他白天从事运动,晚上撰写以《常识》为题发表的、令人振奋的宣言。这些都获得了巨大的成功,并为战争胜利作出了重大的贡献。在英军焚烧了缅因州法尔茅斯和弗吉尼亚州诺福克这两个城市之后,华盛顿在致友人的信(1776年1月31日)中写道:

除了在《常识》这本小册子中所包含的正确的学说和无可辩驳的推理之外,又添加了几个像在法尔茅斯和诺福克所展现的那种熊熊燃烧的论证,这些论证会使很多人对脱离英国的正当行动不再举棋不定。

这部著作曾是人们议论的话题,现在只有历史趣味,不过其中有些词句仍然给人印象很深。在指出不但对国王不满,而且对议会也不满之后,他说:"人类团体中再没有比下议院更怕失去自己的特权了,因为他们出卖自己的特权。"在那个年头,否认这种奚落的公正性是不可能的。

这本小册子中既有赞成共和国的有力论据,又有对君主政体可以防止内战的理论的成功驳斥。在概述了英国历史之后,他说:

"君主政体和世袭制度……使世界血流成河和化为灰烬。这就是上帝之道证明其不好的那种政体形式,与之相伴随的将是杀戮、流血。"1776 年 12 月,当战争向不利的方向逆转的时候,潘恩出版了一本叫作《危机》的小册子,小册子的开头这样写道:

> 这是考验人们灵魂的时刻。在这场危机中,只善于夏战而不善于冬战的士兵和只能同安乐不能共患难的爱国者会怕为国效劳;但是现在仍然坚持为国效劳的人,应该受到人们的爱戴和感谢。

这篇文章向部队进行了宣读,华盛顿也向潘恩表达了"人们对你的著作的重要性的认识"。在美国,再也没有另外的作家的作品被这么多人阅读过,潘恩本来可以用他的笔赚很多的钱,但是他总是完全拒绝接受任何稿酬。独立战争结束时,他在美国受到所有人的尊敬,而他却仍然一贫如洗;不过,某个州的立法机关通过投票表决拨给他一大笔钱,另一个州的立法机关送给他一座庄园,以便使他能够舒适安逸地度过余生。人们本来可以要求他安安稳稳地过取得胜利的革命者所特有的体面生活。他把自己的注意力从政治转向工程,证明铁桥的跨度可以比人们从前认为可能的跨度更大。铁桥把他引到了英国,他在英国受到了伯克、波特兰公爵和其他辉格党显要人物的友好接待。他有一座在帕丁顿建造的、庞大的铁桥模型;杰出的工程师们都赞扬他,看来他可能要作为一个发明家度过他的余生了。

但是,法国和英国一样,对铁桥也有兴趣。潘恩于 1788 年访问巴黎，与拉斐特商讨有关铁桥的事情，并向科学院递交了他的计划，在适当耽搁了一段时间之后，科学院以称赞的口气向上级作了呈报。巴士底狱被攻陷之后，拉斐特决定把巴士底狱的钥匙赠送给华盛顿，并把横渡大西洋转交钥匙的任务交给潘恩。但是，潘恩因为他的铁桥事务离不开欧洲。他给华盛顿写了一封长信，告诉他说，他会找一个人代替他把"这种早期的专制主义赃物战利品，和美国原则移植到欧洲后的第一批成熟的果实"转交给他。他接着还说："我丝毫也不怀疑法国革命最终会取得彻底的胜利"，"我建造了一座跨度110英尺、从拱索算起5英尺高的（单拱）桥梁。"

潘恩对桥梁的兴趣和对革命的兴趣一度曾不分伯仲，但后来对革命的兴趣渐渐占了上风。他希望在英国掀起一场共鸣运动，于是就撰写了《人的权利》，他获得民主主义者的声誉，主要是靠这本著作。

虽然这本著作在反雅各宾的反动时期被认为极具颠覆性，但它会因为它的温和和通情达理而使现代的读者感到惊讶。这本著作主要是对伯克的答复，它用相当长的篇幅论述了法国的、发生在同一时代的一些事件。该书第一部出版于1791年，第二部出版于1792年2月；因此，到那时为止还没有必要为大革命辩解。关于天赋人权，书中几乎没有慷慨激昂的言词，但是关于英国政府却有许多真知灼见。伯克曾辩称，1688年的革命使英国人民永远顺服于《王位继承法》指定的国王。潘恩辩称，约束后世是不可能的，宪法应当是能够时常修改的。

他说，政府"全都可以包括在三个项目里。第一，迷信。第二，权力。第三，社会的公共利益和人类的共同权利。第一种是僧侣之谋略的政府，第二种是征服者的政府，第三种是理性的政府"。

前两种曾合二为一:"圣彼得的钥匙①与财政部的钥匙成了融为一体的东西,受蒙骗而又感到惊异的民众崇拜这种发明物。"然而,这样笼统的言论很少。该书的主要内容,首先是1789年至1791年底的法国历史,其次是英国宪法与法国1791年颁布的宪法的比较,这种比较当然对法国宪法有利。人们应当记得,1791年法国还是一个君主国。潘恩是一个共和政体的拥护者,他并没有隐瞒这一事实,不过,他在《人的权利》中不太强调这一点。

除了在少数几个短小的段落之外,潘恩诉诸的是常识。像科贝特后来所做的那样,潘恩以一种应该对财政大臣有吸引力的理由,反对皮特的财政措施;他把小额偿债基金和巨额借款的结合比作叫一个装着木制假腿的人去抓野兔——人和野兔跑得越久,他们就离得越远。他谈到"波特的纸币领域"——完全是科贝特式的短语。事实上,正是他的那些关于财政的著作,使科贝特从前的敌意变成了赞誉。他对于世袭原则的反对,当初曾使伯克和皮特感到惊恐,而现在却成了甚至包括墨索里尼和希特勒在内的所有政客的共同基础。他的风格也不总是蛮横无理的:它敏锐、强劲、坦率,而远非像他的对手的风格那样恶言谩骂。

然而,皮特决定通过起诉潘恩和查禁《人的权利》来开始其恐怖统治。据他的侄女赫斯特·斯坦诺普夫人说,他"常说汤姆·潘恩完全是正确的,但接着他会补充说,我该怎么办?从目前的情况来看,我要是支持汤姆·潘恩的看法,我们就会有一场血淋淋的革命"。潘恩用蔑视和煽动性的演说回敬起诉。但是九月大屠杀开

---

① 见《圣经·马太福音》第十六章第十九节。——译者

始了,英国托利党人的反应越来越激烈。诗人布莱克——他比潘恩更老于世故——劝他说,他要是待在英国就会被绞死。于是他就逃往法国,在伦敦只差几小时,在多佛尔只差20分钟,逃脱了前来逮捕他的警官;在多佛尔,因为他身上正好带着一封华盛顿新近给他的措辞友善的信,当局就让他通过了。

尽管当时英国和法国尚未开战,但多佛尔和加来属于不同的世界。潘恩曾被选为法兰西荣誉市民,还曾被三个不同的选区选入国民公会,现在欢迎他的加来,就是这三个选区中的一个。"邮船进港时,军舰上礼炮轰鸣;沿岸响起一片欢呼声。当加来的这位议员踏上法国的土地时,士兵们为他夹道护驾,官员们和他拥抱,他们把民族帽花结戴在他的头上"——就这样通过了美女、市长等一系列法国常规的欢迎仪式。

到了巴黎,他并没有表现得谨言慎行,而是表现出了更多的公益精神。他希望——尽管发生了大屠杀——发生一场像自己曾在美国帮助发动的那种有秩序的温和革命。他同吉伦特派成员交朋友,不愿把拉斐特(当时正失宠)想得很坏,并且继续以一个美国人的身份对路易十六在解放美国中所起的作用表达感激之情。他因为自始至终反对处死国王,所以招致雅各宾派的敌视。他先被逐出国民公会,后又作为外国人被投入监狱;在罗伯斯庇尔执政期间他身陷囹圄,罗伯斯庇尔下台后还被关了几个月。在这件事情上,法国人只有部分责任;美国公使古费尼尔·莫里斯也同样应当受责备。莫里斯是联邦主义者,他偏袒英国,反对法国;再加上潘恩在独立战争期间曾揭发他的一个朋友贪赃舞弊,所以莫里斯对潘恩怀有个人夙怨。他坚持说潘恩不是美国人,所以对潘恩无能为力。华盛顿当时正在秘密地与英国议订《杰伊条约》,所以对于潘恩处于无法就美国反动舆论开导法国政府的境地,并不感到遗憾。由于偶然的原因,潘恩逃脱了在断头台上被斩首的命运,但是他差一点病死。最后,门罗(创立"门罗主义"的那一位)取代了莫里斯,他立即设法使潘恩获释,把他接到自己家里,经过一年半的照料和款待,使他恢复了健康。

潘恩并不知道在他的不幸中莫里斯起了多大的作用,但是他绝不原谅华盛顿。华盛顿去世后,潘恩听说要为这位伟人制作一尊雕像,就给雕刻的人写了下面这几行字:

> 从矿坑中采出最冷最硬的石头,
> 无须加工:它就是华盛顿。
> 但是如果你要雕琢,可用粗陋的雕法,
> 并且在他心窝处刻上——忘恩负义。

这封信从未公开过,不过,在1796年发表了他给华盛顿的一封充满怨恨的长信,信的结尾是这样写的:

> 至于你,先生,在私人交情上你不忠实(因为你就是这样对我的,而且是在我危急的日子里),在社会生活中又是伪君子,世人将很难判定你究竟是背信者还是江湖骗子,你究竟是抛弃了道义,还是从来就没有什么道义。

在那些只知道传说中雕像般的华盛顿的人看来,潘恩的这些话似乎是胡言乱语。但是1796年是杰斐逊和亚当斯首次竞选总统之年,华盛顿不顾亚当斯信奉君主政体和贵族统治,竟然全力支持他;此外,华盛顿当时正偏袒英国,反对法国,并竭尽全力阻止传播他自己所赖以得到晋升的那些共和与民主的原则。这些社会的原因,与个人的极度不满结合在一起,就说明潘恩的说法并非是没有理由的。

如果潘恩这个鲁莽的人未曾度过用文字自由表达他和杰斐逊以及华盛顿和亚当斯所共同具有的神学观点(不过,华盛顿和亚当斯都很谨慎,从不公开表达非正统的观点)的晚年,那么,对于华盛顿来说,可能更难使潘恩在监狱里变得衰弱无力。潘恩预料到自己会入狱,于是便着手撰写《理性时代》一书,他在被捕前6小时完成了该书的第一部分。这部书使他的同时代人感到震惊,甚至连许多赞同他的政治见解的人也不例外。现今,除了少数几个品味低俗的段落之外,全书所有内容几乎都是大部分牧师所赞同的。他在第一章中说:

"我信仰一个上帝,不可能有两个或两个以上的上帝;我希望得到超越现世的幸福。"

"我信奉人人平等,相信宗教的职责就在于主持正义、爱好怜悯,以及努力使我们的同类幸福。"

这些并不是空话。从他第一次参与公众事务——他于1775年对奴隶制提出抗议——的时候起,直到他去世的那天为止,他始终反对任何形式的残忍,不管践行残忍的是他自己的政党还是他的敌对者。英国政府当时实行无情的寡头独裁,把议会用作降低最贫困阶级生活水平的工具;潘恩提倡作为治疗这种令人厌恶的弊病的唯一方法的政治改革,结果不得不逃命。在法国,他因为反对不必要的流血而被投入监狱,而且险些丧命。在美国,他因为反对奴隶制和坚持独立宣言的原则,而在他最需要美国政府支持的时候,却被美国政府抛弃了。如果像他所坚持的,也像现在许多人所相信的,真正的宗教就在于"主持正义、爱好怜悯,以及努力使我们的同类幸福",那么,在他的敌对者当中没有一个人也有权要求别人把他看作是一个宗教徒。

《理性时代》的大部分篇幅用于从道德的观点出发批判《旧约全书》。现在很少有人会把《摩西五经》和《约书亚记》中所记载的屠杀男女老少的做法看作是正义的典范,但是在潘恩的时代,当《旧约全书》称赞以色列人的时候,批评他们被认为是邪恶的。许多虔诚的神学家写文章答复潘恩。其中最随便的要数兰达夫的主教,他竟承认《摩西五经》有些部分不是摩西写的,《诗篇》中有些部分也不是大卫写的。因为这种让步,他遭到了乔治三世的敌视,永远失去了调到殷富教区任职的机会。这位主教给潘恩的答复,有些是稀奇古怪的。例如,《理性时代》大胆地怀疑上帝是否真的下过这样的指示:应当把米甸人的男人和已婚妇女全部杀了,而未婚女子,则应当让其存活下去。① 这位主教愤怒地反驳说,让未婚女子存活并不是像潘恩邪恶地暗示的那样,出于不道德的目的,而是为了让她们做奴婢,这在伦理上是无可非议的。我们这个时代的

---

① 见《圣经·民数记》第三十一章第十七、十八节。——译者

正统者忘记了一百四十年前正统是个什么样子。他们忘得更加干净的是：正是像潘恩这样的人，不管迫害，使教条变得温和，我们的时代因此而受益。甚至贵格会教徒也拒绝潘恩想把自己葬在他们的公墓里的要求，虽然在给他送葬的寥寥数人中有一个农民也是贵格会教徒。

《理性时代》以后，潘恩的著作已不再重要。很长一段时间，他身患重病；康复后，他在督政府和第一执政官统治下的法国已无用武之地。拿破仑并没有虐待他，但是当然也不喜欢他，除非他是英国民主主义反叛的可能动因。他开始思念起美国来了，回想起了自己以前在那个国家获得的成功和声望，希望帮助杰斐逊派反对联邦党人。但是他害怕被英国人逮捕，要是被捕的话，他们一定会绞死他，所以他在法国一直蛰居到亚眠条约签订以后。1802年10月，他终于在巴尔的摩登陆，马上写信给（当时的总统）杰斐逊说：

> 我经过60天的航行于星期六从哈佛到达这里。我有几箱模型、轮子等物，等我能够从船上取到这几箱东西并将它们送上赴乔治顿的邮船以后，我将立即动身去拜望你。你的深怀感激之情的同胞，
>
> 托马斯·潘恩

他确信，除了像联邦党人那种人以外，他所有的老朋友都会欢迎他。但是有一个困难：杰斐逊为竞选总统而进行艰苦的斗争，在竞选运动中反对他的最有效武器——所有教派的牧师都肆无忌惮地使用这一武器——就是谴责他没有宗教信仰。他的竞选对手夸

大他与潘恩的密切关系,把他们俩叫作"一对汤姆"。二十年后,杰斐逊对他同胞的这种偏执态度,仍然印象非常深刻,以至于他在答复一个想发表他的一封信的一位论派牧师时说:"不要发表,我亲爱的先生,绝对不要发表!……我与其向信奉亚大纳西教义的人反复灌输理性,还不如教疯人院里的疯子正确地理解事物……因此,不要把我推到加尔文和他的牺牲者塞尔维特①的柴与火上。"当塞尔维特的命运威胁杰斐逊及其政治追随者的时候,他们避免与潘恩交往过密,这是不足为奇的。潘恩受到礼遇,没有理由抱怨,但是旧日莫逆的友谊却死灭了。

在其他圈子里,潘恩的处境更糟。费城的拉什博士是他最早的美国朋友之一,根本就不与他来往。拉什写道:"他在《理性时代》中所说的那些原则,我觉得很讨厌,所以我不愿意再和他交往。"他的邻居围攻他,并且不让他乘坐公共马车;在他去世前三年中,不许他参加选举,所谓的理由是他是外国人。有人诬告他道德败坏,骄奢放纵,他的最后几年是在孤独和贫困中度过的。他死于1809年。在他弥留之际,有两个牧师闯入他的房间,试图劝他改变信仰,但他只是说了句:"不要管我,再见!"然而,正统派却捏造出他临终承认错误这一广为流传的神话。

他身后的名声,在英国要比在美国大。当然,出版他的著作是犯法的,但是他的著作还是屡次三番地被人出版,虽然许多人曾为此而坐牢。最后一次被控告犯这条罪的是1819年的理查德·卡

---

① 塞尔维特(Servetus,Michael,1511—1553),西班牙医学家和神学家,因犯异端罪而被处以火刑。——译者

莱尔夫妇:丈夫被判三年监禁,罚款 1500 英镑;妻子被判一年监禁,罚款 500 英镑。就在这一年,科贝特把潘恩的遗骨带到了英国,并确立了他作为一位在英国为民主而战斗的英雄的声誉。然而,科贝特并没有为他的遗骨找到永久的安息之地。蒙丘尔·康韦①说:"科贝特打算建造的纪念碑从来也没有树立起来过。"议会和市政府出现了很大的骚动。有一个叫博尔顿的公告传报员,因为宣布遗骨的到达而被关押 9 个星期。1836 年,遗骨以及科贝特的财产转到了一位破产案产业管理人(韦斯特)手里。大法官不承认这些东西是财产,所以它们就由一个打散工的老人保管,直到 1833 年,尔后它们又转到了伦敦贝德福德广场 13 号的一个家具商 B. 蒂利手里……。1854 年,R. 安斯利牧师(一位论派)告诉 E. 特鲁拉弗说,他有"托马斯·潘恩的颅骨和右手",但后来当人们追问他时,他却避而不答。现在,其至连颅骨和右手也不知去向了。

潘恩在世界上的影响是双重的。在美国革命期间,他曾激起人们的热情和信心,因而对促进胜利起了很大的作用。

他在法国的声望是短暂而表面的,但是在英国,他却引起了平民激进派对皮特和利物浦长期暴虐统治的顽强反抗。比如,他对《圣经》的看法虽然比他的上帝一位论更使他的同时代人感到震惊,却是现在大主教所可能持有的看法,但他的真正追随者却是投身于他所发起的那个运动的那些人——被皮特投入监狱的那些人、受六个法令迫害的那些人、欧文主义者、宪章运动者、工联主义

---

① 他撰写的潘恩传和由他编辑的潘恩著作,是坚忍的献身精神和谨慎的调查研究的典范。

者和社会主义者。他为所有那些为受压迫者而斗争的人,树立了一个勇敢、仁慈和专一的榜样。一旦涉及公众问题,他就忘记了个人的谨慎。就像在这种情况下通常会发生的那样,因为他缺乏追逐私利的精神,现实生活就决定惩罚他;要是他的性格不那么慷慨豁达的话,他得到的声誉会比今天更高。甚至要得到对缺乏追逐私利的精神的赞扬,也需要有某种处世的本领。

八、正派人①

我打算写一篇赞扬正派人的文章。但是读者可能首先想知道什么样的人才算是我所认为的正派人。要说出正派人的基本品质,恐怕有点难,所以我一开始就要列举属于正派人的某些类型。未婚姑妈姨妈总是正派的,当然,她们要是有钱,那就更是如此;宗教的牧师是正派的,除非发生牧师假装自杀后便带着唱诗班的成员逃往南非这种罕见的事情。我很抱歉地说,现在的少女很少是正派的。在我年轻的时候,大多数少女都十分正派;也就是说,她们与她们的母亲有同样的看法,这不仅是指有关各种论题的看法,而且更值得注意的是有关个人,甚至是有关青年男子的看法。她们在恰当的时候说"是的,妈妈"或"不是,妈妈";她们爱她们的父亲,因为这样做是她们的责任;她们爱她们的母亲,因为她使她们不会做出一丁点儿不正当的行为。订婚后,她们就喜欢上了温文尔雅;结婚后,她们就承认,爱自己的丈夫是一项责任,但她们却告诉其他妇女说,这是一项她们很难负的责任。她们孝敬公婆,并且使人们明白,任何不太守本分的人都不会这样做;她们不恶语中伤别的妇女,但是她们通过噘嘴这种方式来让人们明白,要不是她们

---

① 最初发表于1931年。

有一颗天使般仁慈的心,她们会说出什么样的话来。这种类型的人就是所谓的高尚而贞洁的妇女。哎呀,这类人,除了在老年人中以外,现在几乎绝迹了。

幸亏遗老们仍然拥有很大的权力:他们控制教育,在教育领域中,不是毫无成效地努力维护维多利亚时代的伪善标准;他们控制所谓"道德问题"的立法,因而创造并资助了贩卖私酒这个庞大的行业;他们保证为报纸撰稿的年轻人会表达正派老妇人的意见,而不是他们自己的意见,从而扩大年轻人的风格的范围和增大他们心理想象的变化。他们使否则会因腻烦而很快结束的无数快乐(比如,听到舞台上亵渎台词的快乐,或看到舞台上比习俗许可稍微多一点的裸露肉体的快乐)持久存在。最主要的是,他们使追猎的快乐经久不衰。在同族的农村居民中,比如说,在英国的一个郡的居民中,猎狐的人受到谴责;这项活动是费钱的,有时甚至是危险的。再说,狐也不能很清楚地说明自己多么不喜欢被追猎。从所有这些方面来看,追猎人倒是一种更好的游戏,但要是没有正派人的话,那么就会很难问心无愧地追猎人。正派人所谴责的那些人,就是准许追捕的猎物;当正派人发出"呔嗬!"这种嗾狗声时,狩猎队便聚集起来,受害者就遭到追捕或追杀。如果受害者是妇女,那么追猎就是特别好的游戏,因为这能满足女人的嫉妒心和男人的施虐欲。我现在认识一位侨居英国的外国妇女,她与一个她所爱的、同时也爱她的男子结合,他们的结合尽管超出法律管辖的范围,但他们却很幸福;不幸的是,她的政治观点并不像别人所希望的那样保守,但这只是观点而已,并不见诸行动。但是,正派人却利用这种借口嗾使伦敦警察厅跟踪追猎,她即将被遣送回国去挨饿。在英国，就像在美国一样，外侨是一些影响人们道德堕落的人，我们都得感激警察的关爱，他们设法只让道德特别高尚的侨民住在我们中间。

尽管在正派人当中妇女当然比男人多得多，我们却切不可就以为所有正派人都是妇女。除了宗教的牧师，另外还有许多正派男子。比如：那些曾经赚得一大笔财产而现在退出商界、散财赈济的人；地方行政官也几乎总是正派男子。但是，我们不能说，凡是维护法律和秩序的人都是正派男子。我年轻的时候，记得听到一个正派妇女提出一个反对死刑的论点：刽子手几乎都不是正派男子。我本人从来就不认识任何刽子手，因而我无法根据经验来检验这个论点。不过，我倒认识一位夫人，她在火车上遇到一个人，却不知道他是刽子手。当时天气很冷，她把旅行毛毯递给他时，他说："哦，夫人，你要是知道我是谁，你就不会把毛毯给我了。"这句话似乎表明，他毕竟还是个正派男子。但是，这肯定是个例外。狄更斯的《巴纳比·拉奇》中的刽子手也许更有典型性，他显然不是个正派男子。

但是，我认为我们不应当同意我刚才谈到的那位正派妇女的说法，即仅仅因为刽子手不可能是正派的就谴责死刑。要成为正派人就必须被保护起来，不与现实发生赤裸裸的接触，而且我们也不能指望进行保护的那些人享有他们所维护的那种正派性。例如，假想一条载有一些有色人种劳工的客船失事了；首先要救坐头等舱的女乘客，她们大概都是正派妇女，但是为了使这种情况可以发生，就得有一些男子阻止有色人种劳工把救生艇挤沉，而这些男子用正派的方法是不太可能取得成功的。那些得救的妇女一旦安然脱险,就会开始为溺水身亡的可怜劳工感到惋惜,但是只有保护她们的那些粗鲁男子才使她们的恻隐之心成为可能。

一般说来,正派人都委托佣工来维护世界的治安,因为他们觉得,这项工作并不是十分正派的人想要从事的那种工作。不过,有一个正派人不委托的部门,那就是背后中伤和恶意诽谤的部门。我们能够根据人们的语言能力,把他们置于正派性的级系中。如果甲说乙的坏话,乙也说甲的坏话,那么,他们生活于其中的社会一般会认为,他们中的一个人是在履行社会职责,而另一个人则为恶意所驱使;履行社会职责的人就是两人中比较正派的一个。因此,比如说,学校的女校长比助理女教师更正派,而校董事会的女董事又比她俩更正派。针对性很强的闲聊,很容易使其受害者丢掉饭碗,而且即使没有产生这种极端的后果,也会使人沦为贱民。因此,这是一种强大的向善力量,而且我们应该感到欣慰,因为支配这种力量的是正派人。

正派人的主要特征是改善现实的这种值得称赞的实践。上帝创造了世界,但是正派人觉得,如果由他们来做的话,他们能把这项工作做得更好。在上帝的创造物中有许多事物,虽然希望它们是另一个样子是亵渎神圣,但提及上帝的创造物也绝不是正派的事情。神学家们认为,要是吾类的始祖[①]不偷吃禁果,那么人类就会像吉本说的那样以某种天真无邪的草木方式休养生息。在这方面,上帝的计划当然是神秘的。像上面提到的神学家那样把这种计划看作是对罪孽的惩罚,固然很好,但是这种观点的麻烦是,尽

---

① 指亚当和夏娃。——译者

管对正派人来说,它可能是一种惩罚,哎呀,其他人却觉得它相当合意。由此看来好像惩罚施加得不是地方。正派人的主要目的之一是纠正这种无疑是非故意做出的不公正行为。他们努力确保生物学上所规定的草木方式将偷偷摸摸且冷漠呆板地被实践,并且努力确保偷偷摸摸实践这种草木方式的那些人,一旦被发现,就会在正派人的控制下,因为他们可能会受诽谤的伤害。他们还努力确保尽可能少地通过正当途径了解这方面情况;他们试图说服检查官查禁不把这件事描写成窃笑的淫猥场合的那些书籍和戏剧;在这方面,他们每当而且只要控制法律和警察,就总能成功。不知道主为什么把人体造成现在这个样子,因为人们肯定会认为,全能的神本来能够把人体造得不会使正派人震惊。但是,也许有充足的理由。在英国,自从兰开夏郡的纺织工业兴起以后,传教士和棉花贸易之间一直有一种紧密的联盟,因为传教士教导野蛮人要把人体遮掩起来,因而增加了对于棉织品的需求。假如关于人体没有什么可害羞的,那么纺织业就会失去赢利的这种源泉。这个例子说明我们不必害怕美德的传播会减少我们的收益。

谁发明"赤裸裸的事实"这个短语,谁就看到了一种重要的联系。"赤裸裸性"使一切正直的人震惊,"事实"也是如此。你跟哪个部门有关,这无关紧要;不久你就会发现,"事实"就是正派人不让进入他们意识中的那种东西。每当出庭旁听审理我对之有某些直接认识的案件是我的厄运时,使我震惊的是这样一个事实:不允许赤裸裸的事实进入那些威严的大门。进入法庭的事实不是赤裸裸的事实,而是穿着宫廷礼服的事实,它所有不太体面的部分全都遮盖起来了。我并不是说这适用于对像谋杀或偷盗这种直白的罪行的审判,而是说它适用于一切含有偏见成分的审判,例如政治性审判,或对猥亵淫秽事件的审判。我认为,在这方面英国比美国更糟,因为英国已使靠正当感情对一切令人不快的东西的近乎无形和半无意识的控制达到了十全十美的地步。如果你要想在法庭上提出任何不可接受的事实,那么你就会发现,这样做是违反证据法的,不但法官和对方的律师会反对,而且你自己一方的律师也会阻止你把这种事实说出来。

由于正派人的感情,同一种不真实性也弥漫在政治中。如果你试图使任何一个正派人相信,他自己党派的某个政客是个跟芸芸众生一样的普通凡人,那么他就会愤怒地拒绝接受这一意见。因此,政客就有必要表现得白璧无瑕。在大多数情况下,所有党派的政客们都心照不宣地联合起来,不让外界知道有损于同行的任何事情,因为党派的差异通常会使政客们发生分歧,但同行的统一更能使他们团结起来。这样,正派人就能维持他们想象中民族伟人的形象,就能使学童们相信,只有通过最高尚的美德才能成为卓越的人。诚然,有某些特殊的时候政治确实是令人痛苦的,任何时候都有被认为人格不够高尚以至不能参加非正式工会的政客。例如,帕内尔最初被不成功地控告为参与谋杀,后来被成功地判决为犯了有伤风化罪,当然,控告他的人做梦也不曾想到过他会犯这样的罪。在我们自己所处的时代,欧洲共产主义者和美国的极端激进派与工运鼓动家是越轨的;大部分正派人都不欣赏他们,他们要是违反了传统法规就不可能期望得到宽恕。这样,正派人坚定不移的道德信念就与财产的保护联系在一起了,因而再次证明了它们具有不可估量的价值。

每当正派人看到快乐时,他们总是很恰当地对快乐表示怀疑。他们知道,增加智慧的人也增加烦恼,于是他们就推断出:增加烦恼的人也增加智慧。因此,他们觉得,他们传播烦恼也就是传播智慧;因为智慧比红宝石还宝贵,所以他们觉得这样做会带来益处,是有道理的。例如,他们为了使自己相信他们是乐善好施的,会为孩子们造一个公共游乐场,接着他们会为游乐场制订如此繁多的使用规则,以至于没有一个孩子能在那里像在大街上那样玩得痛快。他们会竭力阻止游乐场、戏院等星期日开放,因为那一天是人们可以在这些场所享乐的日子。他们尽可能阻止他们雇用的年轻妇女同年轻男子交谈。我所认识的最正派的人还把这种态度带到家庭生活中,他们只允许他们的孩子做有教育意义的游戏。但是很遗憾,这种程度的正派正在变得不如过去常见。从前孩子们受的教育是:

他(上帝)的万能法杖一挥
就能迅速将年轻的罪人发送到地狱。

他们认为,如果孩子变得爱吵闹,或者沉迷于任何并不适合于使他们能胜任牧师工作的活动,那么这种情况就有可能发生。以这种观点为基础的教育,在关于如何造就正派人的非常有价值的著作《费尔柴尔德家族》(*The Fairchild Family*)中作了阐述。但是,我知道现在几乎没有一个父母是按这种高标准来教育子女的。希望孩子过得快乐的想法已经普遍得令人担忧,人们可能是担心,根据这些放纵原则教育出来的那些人,长大以后不会对快乐表现出

八、正派人

适当的恐惧。

我担心,正派人的时代行将结束;两件事正在置该时代于死地。第一件是相信快乐无害,只要其他任何一个人都没有因为你的快乐而倒霉;第二件是厌恶欺骗,这种厌恶是道德的,同样也完全是审美的。当所有国家的正派人都牢牢地控制着一切,并以最高尚的道德的名义诱使青年人互相残杀时,这两种反叛都受到战争的鼓励。战争一结束,幸存者们就开始怀疑:由仇恨引起的谎言和苦难是否构成最高尚的美德。恐怕要过一段时间,才能再次劝诱他们接受关于每一真正崇高的伦理的这种基本学说。

正派人的本质是:由于他们为之困扰的那种想法,他们憎恨表现于合作倾向、孩子吵闹,尤其是性方面的生活。总而言之,正派人是那些思想卑鄙肮脏的人。

九、新的一代

这篇文章是罗素为《新的一代》①一书所写的导言,该书收载了许多著名心理学家和社会科学研究者的文章。关于罗素的在苏联唯独"政府不受道德偏见和宗教偏见的控制"的评论,应当强调的是,这是1930年写的。在斯大林统治的后期,建立合理的性道德法规的一切尝试都被放弃了,这个领域里的立法甚至可能比西方国家更压抑、更清教徒式。早在1920年,罗素本人就预言了这种发展的可能性。

在以下这几页文字中,在有关的各个领域作过专门研究的撰稿者谈到了影响儿童福利和儿童与父母的关系的各门学科。作为这些论文的导言,我打算考虑新知识用以改变了,而且现在更有可能改变,传统生物学关系的那种方法。我不仅,甚至主要也不是,在思考知识的有意造成的和预期要取得的效果,而且还更仔细地思考作为产生那种最奇特的和意想不到的非预期结果的一种自然力的知识。我深信,詹姆斯·瓦特并不想建立母权制家庭;但由于

---

① 伦敦:乔治·艾伦和昂温出版公司出版。——译者

九、新的一代

他使男人们睡觉的地方远离他们工作地点成为可能,他对我们大多数城市居民起了这种作用。在现代的郊区家庭中,父亲的地位非常低微——尤其是如果他打高尔夫球的话,而他通常都打高尔夫球。有点儿难以理解的是,当他负担子女费用时他在换取什么呢,要是没有传统,我们可以怀疑他是否会把子女当作一笔有利的交易。处于鼎盛时期的父权制家庭给了男人巨大利益:它给了他使他晚年能得到赡养并保卫他以反对其众多敌人的儿子。现在,在人们靠投资或积蓄生活的所有那些阶层中,不管父子二人能活得多久,儿子在财政上永远不会对父亲有什么好处。

新知识是使我们的时代变得既困难又有趣的经济变化和心理变化的原因。从前人类受自然的支配:受那种与气候和谷物丰产有关的、无生命的自然的支配,受那种与使得人类生殖和斗争的这种盲目冲动有关的人性的支配。宗教利用由此产生的这种无能为力的感觉,把恐惧变成本分,把顺从变成美德。现代人的看法则不同,而迄今为止,这种人只是存在于少数几个实例中。对现代人来说,物质世界不是可以怀着感恩的心情或伴随着虔诚的祈求接受的材料;它是现代人进行科学操作的原料。沙漠是必须把水引进的地方,瘴气弥漫的沼泽地是必须把水排出去的地方。不允许这两种地方继续保持与人为敌的自然状态,因此我们在与物性斗争时,不再需要上帝帮助我们战胜撒旦。也许到目前为止我们还不太意识到,在人性方面也已开始产生基本上类似的变化。已经变得清楚的是,尽管个人有意识地改变自己的性格可能是困难的,但是如果允许有本事的心理学家自由地与儿童交往,他就能够像加利福尼亚人处理沙漠一样自由地处理人性。制造罪恶的已不再是撒旦,而是分泌失调的腺体和不明智的调节。

说到这里,读者也许想知道罪恶的定义。但是,这不带来困难;罪恶是控制教育的人所厌恶的东西。

必须承认,这种局势赋予掌握科学力量的人以新的重任。迄今为止,人类之所以能存活下来,是因为不管他们的目标是多么愚蠢,他们并没有达到这些目标所需要的知识。由于正在获得这种知识,比以往更加高级的关于生活目标的智慧正在成为人们迫切需要的东西。但是在我们这个混乱困惑的时代,到哪里去寻找这种智慧呢?

上述这些一般性的看法旨在暗示:我们的一切创设,甚至与过去常常被称之为本能的东西有最密切关系的那些创设,在不久的将来必然会变得比以往或现在谨慎和清醒得多,而且这肯定尤其适用于孩子的出生和对孩子的教养。新方法可能比老方法好,也很可能比老方法更坏。但是我们时代的新知识被如此急速地推入到了传统行为的机制中,以至旧的模式无法继续存在,而新的模式,不管好坏,成了人们迫切需要的东西。

家庭是从非专门化的往昔存留下来的,那时男子自己做靴子,自己烤面包。现在,男子的活动已经超越了这个阶段,但是有德之人却认为女子的活动中不应当有同样的变化。与孩子打交道是需要专门知识和适当环境的一项专门活动。在家里教养孩子,也像用手纺车纺纱一样,很不经济。随着知识的增长,越来越多的孩子教养科目必须从家里转移出去。在家里生孩子已经不常见了。现在孩子生病已不用简单的传统办法治疗,这种办法曾害死过祖辈的许多孩子。孩子不再是在其母亲膝下,而是在主日学校里学习祈祷。拔牙也不是像我小时候那样,用一根线,把线一头系在牙齿上,一头系在门把手上,然后把门猛地一关。医学知识占有儿童生活的一部分,卫生知识占据另一部分,儿童心理学需要第三部分。最后,心烦意乱的母亲认为这是倒霉的事,于是就撒手不管,而且在俄狄浦斯情结的威胁下,开始感到自己一切出于天性的爱都带有罪恶的味道。

变化的主要原因之一是出生和死亡的减少。幸亏是这两者同时减少;因为如果这两者中任何一个出现减少而另一个却没有减少,那么结果就会是灾难。世界各国政府和靠人类的痛苦和无能来维护其影响的教会沆瀣一气,竭尽所能制造这种灾难,因为它们一直试图阻止与死亡率的下降相关的出生率的下降。然而,幸运的是,就人类而言,在这方面,个人的自私已证明是比集体的愚蠢更加强而有力。

现代家庭的少子女使父母对子女的价值产生了一种新的认识。只有两个孩子的父母希望这两个孩子一个也不死,但是在有十个或十五个孩子的旧式家庭中,可能有一半孩子会成为照顾不周的牺牲品,而父母却不会觉得有什么大的不安。现代对儿童的科学照料与现代家庭的少子女有密切关系。

同时,这种变化使家庭成了不太适合于儿童的心理环境和不太吸引妇女的职业。生养十五个孩子而死去一大半,这无疑是一个令人不快的终身事业,但不管怎么说,它几乎没有给自我实现留下闲暇。另一方面,生养两三个孩子就不会使人觉得是一个需要付出毕生精力的终身事业,但是只要旧式家庭受到保护,它就会严重妨碍其他职业。因此孩子越少,人们就越觉得孩子是个负担。

现在，因为房租昂贵，大多数城市居民都住在狭窄的环境中，家通常确实是不适宜于儿童的环境。在苗圃培育树苗的人，为树苗提供合适的土壤、充足的阳光和空气、适当的空间、适宜的比邻。他并不试图在各别的地窖里一棵一棵地培育树。但是，只要孩子们仍然待在现代都市的家中，那就不得不对他们做那样的事情。儿童也像树苗一样，需要他们自己的那种土壤、阳光、空气和比邻。儿童应该住在乡下，在那里他们可以享有自由而不受刺激。在都市狭小的公寓房间里，心理气氛也像物质环境一样糟。就拿噪音这个问题来说吧。我们不能希冀忙碌的成年人忍受周围不停的喧闹声，但叫孩子不要吵闹却是一种激怒孩子从而导致严重的道德过失的残忍做法。不准孩子打破东西差不多也是同样的事情。如果一个男孩爬上厨房搁架，打碎了所有瓷器，那么他的父母是很少会十分高兴的。然而他的这种活动对他的身体发育是绝对必要的。在为儿童营造的环境中，不必制止这种自然和健康的冲动。

影响家庭的各种科学变化和经济变化，必然引起父母看法上的心理变化。随着安全感的增强，个人主义也不可避免地膨胀起来了。过去限制个人主义的是恐惧和对于互相合作的需要。一群处于印第安人包围中的移民，必然有强烈的集体观念，因为不然的话就会被消灭。现在，安全不是由自愿的合作而是由政府所提供，所以任何一个人都能在他个人支配的那部分生活中实行个人主义。家庭关系尤其如此。男人在对孩子的照料中只是起点经济的作用，而且如有必要，法律会迫使他履行经济上的义务，所以履行这种义务几乎不需要他有什么个人责任感。女人，如果她精力充沛而且聪慧的话,有可能会感到留给她的那些不完全的、做母亲的职责,算不上是什么职业,由于这些职责大部分可以由专家履行得更科学,情形就更是如此。要不是男人有一种缠绵的感情,总喜欢妻子在经济上依赖他们,这种感觉会产生更加广泛得多的作用。但是,这是从比较古老的时代遗留下来的一种感情;它已经很弱,很可能不久就会消失。

所有这些发展减少了使人们避免离婚的原因。随着离婚变得更加频繁、更加随便,家庭更进一步受到削弱,因为事实上离婚通常导致孩子只有父亲或者只有母亲。

由于所有这些原因以及沃森博士在文章中提出的其他原因[①],不管怎样,作为一个单位的家庭似乎不可避免地会日益消亡,不会让任何集团将其权威置于个人与政府之间。这并不那么适用于有钱人,他们可以继续利用专门的托儿所、学校、医生以及一切收费昂贵的私企机构;但是,对于靠工资为生的人来说,这种个人主义所需的费用是使人不敢问津的。说到他们的孩子,凡是父母不再履行的职责,不可避免地应当由政府来承担。因此,对于绝大多数人来说,不是要在父母的照料与父母选择的专家的照料之间,而是要在父母与政府之间,作出抉择。

这种前景使所有懂得以现代科学态度对待儿童的人承担重大的宣传责任。现在的政府,除俄国外,为道德的和宗教的偏见所控制,这些偏见使政府完全不能以科学的态度对待儿童。我建议读

---

① 罗素这里指的是《新的一代》中所载沃森的文章《家庭之后——是什么呢?》。

者仔细地读一下诸如本书中哈夫洛克·埃利斯①和菲利斯·布兰查德②的文章。每个公正的读者都应该认识到,只要政客不能蔑视传统的伦理和神学,在被政府控制的任何机构中就不会采用这些文章中所提倡的方法。例如,纽约州依然正式认为,手淫会引起精神错乱,反驳这种看法的政客显然不可能不因此而断送自己的前程。因此,除了疯人院或低能儿收容所以外,不能指望任何政府机构会科学地对待手淫这一问题。只允许疯人院这样的机构采取适当的方法,因为疯子和白痴被认为是不负有道德责任的。这种情况是不合情理的。人们最好还是制订这样一条法律:只有廉价车才能修理,而豪华车得用鞭子抽,或者得请牧师对其进行布道。那些预料国立儿童教育机构将来会有大发展的人,一般都料想他们自己或他们的朋友会成为这种机构的首领。这当然是一种不切实际的幻想。因为管理这类重要的机构总会酬以相当高的薪水,所以,这种机构的主要负责人显然通常都会是某个著名政客的未婚姑母或姨母。孩子们将会在她高尚的激励下,学习做祷告,崇敬十字架和国旗,手淫后感到极端悔恨,以及听到其他孩子谈论如何生孩子时深感惊恐。虽然教育机构在经济上已适应机器时代,但是这种心灵上的奴役可能会延续无数世代,而且由于许多背叛科学的科学家愿意在使年轻人拒斥一切理性态度方面予以帮助,这种奴役就会延续得更久。最后甚至有可能终止节育的做法,在这种情况下,由于现代医学的功效,必须大大地增强战争的频繁度和

---

① 哈夫洛克·埃利斯:《童年期和青少年期的性反常行为》。
② 菲利斯·布兰查德:《儿童的猥亵言行》。

凶残性以处理过剩的人口。

由于这样一些原因,政府如果要想获得这么大的权力,那么就必须变得开明。政府不会自行这么做;只有在大多数国民不再坚决要求保护古代迷信的时候,它才会这样做。大多数开明人士都生活在幻想的世界里,与朋友交往,并且认为如今只有极少数怪人才是不开明的。凡是涉及所谓的道德问题时,有一点儿权术政治的经验,更多一点儿法律实施的经验,对于所有无论对儿童养育问题还是对其他任何问题持有理性观点的人,都是非常有好处的。我坚信,对理性主义作通俗的广泛宣传,比俄国以外的大多数理性主义者所认为的要重要得多。

假定家庭已经解体,而且在理性指导下建立了国立儿童教育机构,人们可能就会发现必须进一步用规章制度来代替本能。习惯于节育和不被允许养儿育女的妇女,往往会不想忍受怀孕的不适和分娩的痛苦。因此,为了使人口不下降,可能必须使生育成为一种高薪职业,当然不是由所有妇女,或者甚至不是由大多数妇女从事这种职业,而只是由占一定百分比的从良种繁育的观点来看大概必须检查合格、适宜生育的妇女来从事这种职业。至于应该对男性施行何种检查,他们应在男性人口中占多少比例,则是尚未要求我们解决的问题。不过,保证足够出生人数的问题可能很快就会变得尖锐起来,因为出生率不断下降,不久必然会导致人口,或者至少是壮年人口的锐减——如果医学能成功地使大多数人活到一百岁的话,那么社会利益的获得就会成问题。

在处理儿童的问题上,人类可期从理性心理学获得的利益几乎是无限的。当然,最重要的是性方面。孩子们被教会了一种对人体的某些器官、某些言辞和思想、某几种天性促使他们进行的游戏的迷信态度。结果是他们成人之后,在一切有关爱情的问题上拘谨呆板,局促尴尬。在整个英语世界里,多数人还在托儿所时就被弄得不可能有美满的婚姻。没有其他的成人活动是不允许孩子们通过游戏为之作好准备的,或者说,对于成年人的这种活动,人们希望能从绝对忌讳一下子变成能完全胜任。

支配许多儿童和青年而且常常会延续到晚年的罪恶感,是一种不幸,是不能起任何一种有益作用的那种扭曲的根源。它几乎完全是由性领域中的传统道德教育造成的。认为性是邪恶的这种看法使愉快的恋爱成为不可能的事情,使男子鄙视与他交往的妇女,并且使他们常常有对她们进行虐待的冲动。再说,性冲动受压抑时强加于它的那种迂回,使它采取充满柔情的友谊或宗教热情等等的形式,从而造成对智力和现实感非常不利的理智真诚缺乏。残忍、愚蠢、不能与人和睦相处,以及其他许多缺点,在大多数情况下,其根源就在于儿童时代所受的道德教育。用最简单明了、最直截了当的话说:性活动中没有什么坏事,这方面的传统态度是病态的。我相信,在我们的社会中,没有其他任何一种邪恶是人类苦难的如此有效力的源泉,因为它不但直接造成一大批邪恶,而且还抑制仁慈和人类的感情,这种感情可以使人们消除其他可以消除的那些折磨人类的经济上、政治上和种族上的邪恶。

由于这些原因,传播关于儿童心理学的知识和合理态度的书籍,是非常需要的。在我们的时代,有一种日益增强的政府力量与日益减弱的迷信力量之间的竞争。政府力量的增强似乎是不可避免的,就像我们在关于儿童的问题上所看到的那样。但是,如果政府力量增强到超过某一限度,而迷信依然支配着大多数人,那么,反对迷信的少数派就会受政府宣传机构的排挤,每一个民主国家中进一步抗议就会变得不可能。我们的社会正在变得如此紧密地结合在一起,以至任何一方面的改革都与所有其他方面的改革有密切的关系,任何问题都不可能孤立地得到适当的处理。但是我认为,我们的时代对待儿童比以往任何时代都和善,如果人们逐渐懂得传统的道德教育是青年遭受痛苦的原因,我们就可以希望出现这样一种要求,即要求用某种更加和善,同时也更科学的东西来取代它。

十、我们的性道德[①]

一

许多人,也许大多数人,对性的看法,仍然比对人生其他要素的看法更不合理。杀戮、疠疫、精神错乱、黄金和宝石——实际上,所有那些乃是热望和恐惧的对象的事物——从前是被人们透过一层魔法或神话般的云雾去看待的;但是现在,除个别情况外,理性的阳光已把云雾驱散。剩下的最浓重的乌云飘浮在性的领域里,这也许是很自然的,因为性关系到大多数人的生活中最容易动感情的那部分。

但是,现代世界的情状在促使公众对性的态度发生变化,这一点正在变得明显起来。至于这将产生什么变化,或哪些变化,谁也不可能断言;但是关注现在起作用的一些力量,探讨它们可能在社会结构方面产生的结果,还是可能的。

就人性而言,不能说建立一个在婚姻之外几乎不存在性交的社会是不可能的。但是,现代生活使生产这种结果的必要条件成为几乎是不可能达到的。那么,让我们看看这些条件是什么。

[①] 最初发表于1936年。

对实行一夫一妻制影响最大的因素,是定居在人口不多的地区。如果一个男子很少有机会离开家,除了他的妻子以外很少见到任何妇女,那么他就很容易做到忠贞不渝;但是,如果他不带着妻子外出旅行,或者生活在熙熙攘攘的都市社会里,那么这个问题的难度就成比例地增大。第二个最有利于一夫一妻制的因素是迷信:真正相信"罪恶"导致永罚的人可望避免犯罪,而且在某种程度上他们确实在这样做,尽管还没有做到人们所希望的程度。美德的第三个支柱是舆论。在一个人的一举一动全都被他的邻居所知晓的地方,比如说在农业社会,他就有避开为传统习俗所谴责的一切的强烈动机。但是促使品行端正的所有这些动因的效力已大不如以前了。与世隔绝的人更少了;对炼狱火的信仰衰灭了;在大城市里,谁也不知道他的邻居在干什么。因此,男人和女人都不大像现代工业兴起前那样遵守一夫一妻制,就不足为奇了。

当然,也可以说,虽然越来越多的人不能遵守道德律,但那不是改变我们标准的理由。我们有时被告知,犯罪的人应该知道并承认自己是在犯罪,道德准则绝不因为人们难以做到而变得更坏。但是我要回应说,准则是好还是坏,与它能否促进人类幸福,是同一个问题。许多成年人内心仍然相信童年所受的一切教育,而且,当他们的生活与主日学校的箴言不相符合时,他们就觉得邪恶。由此造成的危害不仅在于引入有意识的、有理智的人格与无意识的、幼稚的人格的区分,而且还在于使传统道德的可取部分也跟不可取部分一起被人怀疑,以至于人们认为,如果通奸是可以原谅的,那么,懒惰、不诚实和不仁慈也都是可以原谅的了。这种危险是同把成年后几乎肯定被抛弃的许多信条灌输给全体青年的制度分不开的。在社会和经济变乱的过程中,他们很可能把好的东西同坏的东西一道抛弃。

形成一套切实可行的性道德的困难,产生于趋向嫉妒的推动力与趋向多妻的推动力之间的冲突。毫无疑问,嫉妒虽然部分地是本能的,但是很大程度上却是因袭的。在一个男人如若其妻子不贞就会被认为是一个适合于嘲笑的对象的社会里,只要一牵涉到他的妻子,即便他已不再爱她,他也会嫉妒。因此,嫉妒与财产观念密切相关,在没有这种观点的地方,嫉妒也就少得多。如果忠贞不是人们在因袭上所期盼的内容之一,嫉妒就会大大减少。但是,尽管减少嫉妒的可能性要比许多人想象的更大,只要父亲有权利和义务,这种减少就有非常明确的限制。只要情况是这样,男人就不可避免地确保自己是自己妻子所生子女的父亲。如果妇女可以有性自由,那么父亲必然会逐渐消失,妻子必然会不再指望丈夫来养活她。这种情况总有一天会发生,不过它将是一场深刻的社会变革,结果不管是好是坏,其影响是不可估量的。

与此同时,如果婚姻和父权想要作为社会制度存留下去,那么就有必要在完全乱交与终身一夫一妻之间达成某种妥协。决定在某个特定时刻作出最适当的妥协,不是件容易的事情;这种决定应该根据民众的习惯和节育方法的可靠程度而随时改变。不过,有些事情还是可以相当明确地说一说的。

首先,从生理上和教育上来说,妇女在二十岁以前生孩子是不可取的。因此,我们的道德应该有很大的约束力,以至使得这种情况很少发生。

其次，先前没有性经验的人，不论男女，都不大可能分清纯粹肉体的诱惑与成功的婚姻所必不可少的那种情投意合。再说，由于经济方面的原因，男人一般都不得不推迟结婚，所以他们既不大可能从二十岁到三十岁始终保持童贞，而且从心理学角度讲，这样做也是不可取的；但是，如果他们有临时关系的话，那么，不是与以卖淫为生的人，而是与动机是出于爱慕而非金钱的、同一社会等级的女子发生关系，则要好得多。因为这两条理由，未婚青年只要不生孩子，就应该有很大的自由。

第三，应该允许离婚且不责怪任何一方，而且无论如何也不应该把它看作是不光彩的事情。无子女的婚姻应当是，只要有一方想要离婚，就可以终止；任何婚姻都应当是，只要双方同意，就可以终止——在这两种情况下都必须提前一年通知对方。当然，也应该允许根据另外许多理由离婚——精神错乱、遗弃、虐待等等；不过，双方同意应该是最通常的理由。

第四，应当尽可能使性关系摆脱经济的腐蚀。现在，妻子差不多就像妓女一样，靠出卖性的魅力生活；甚至连对双方没有约束的临时关系，通常也要求男人承担一切共同的费用。结果是，性和金钱存在着千丝万缕的肮脏联系，女人的动机常常有贪图钱财的因素。性生活，即使是教会同意的，也不应当成为一种职业。妇女因为管家、做饭、照看孩子而得到报酬，那是对的，但是不能仅仅因为与男人发生性关系而得到报酬。曾经与某个男人相爱过的女人，在双方的爱情终止以后，也不能一直靠赡养费生活。妇女应该像男子一样自食其力，一个游手好闲的妻子从本质上说并不比一个吃软饭的男人更值得尊敬。

二

两种非常原始的冲动对现在为人们所接受的性行为准则的形成起过作用,虽然在程度上大不相同。其中一种是端庄,另一种是上文所提到的嫉妒。端庄以某种形式和在某种程度上几乎是人类普遍具有的,它构成必须只是按照一定的形式和仪式,或至少遵照某种公认的礼节被打破的禁忌。并不是所有事物都可以被看到,也不是一切事实都可以被提及。这并不是像现代人猜想的那样,是维多利亚时代的发明物;相反,人类学家们在未开化的野蛮人中发现了那种最刻意求工的假正经。淫秽的概念在人性中是根深蒂固的。我们可以从喜好反叛、忠于科学精神,或者比如拜伦所具有的那种感知邪恶的愿望出发去反对它;但是我们并不因此就将它从我们的出于本性的冲动中连根拔除。毫无疑问,在一个特定的社会里,习俗决定究竟什么是被人认为猥亵的,但是某种徒有其名的习俗的普遍存在,确实证明有一种不仅仅是习俗的渊源。几乎在每个人类社会中,色情描写和露阴癖都被认为是令人厌恶的事情,除非它们像常常发生的那样成为宗教仪式的一部分。

禁欲主义——它同端庄可以有也可以没有心理上的联系——是似乎只有在达到了一定文明水准的地方才会出现,但后来可能会变得强烈的一种冲动。在《旧约全书》的前几卷中不可能有禁欲主义,但它出现在《旧约全书》的后几卷、《外典》和《新约全书》中。同样,在希腊人中间,早期也绝少禁欲主义,但是随着时代的前进,它却越来越盛行。印度很早就有禁欲主义,而且它曾达到非常强烈的程度。我不打算对它的起源作心理分析，但是我不能怀疑它是一种自发的情感，几乎所有文明人都有这种情感，只是程度较小而已。它最微弱的形式是不愿设想一个受人尊敬的人——尤其是拥有宗教上的神圣性的人——会忙着谈恋爱，认为谈情说爱和最高程度的尊严几乎是格格不入的。想让精神摆脱肉体的桎梏的愿望，产生过世界上许多伟大的宗教；甚至在现代知识分子中间，这种愿望仍然很强烈。

但是，我相信嫉妒是性道德起源的一个最强有力的因素。嫉妒本能地激起愤怒；而愤怒被文饰，就变成道德上的非难。在文明发展的初期，纯本能的动机一定是由于男子想要很有把握地获得父亲身份而得到了加强。没有这方面的保证，父权制家庭就不可能建立，父性及其一切经济内涵，就不可能成为社会制度的基础。因此，与有夫之妇发生关系是邪恶的，但是与未婚女子发生关系，那就连轻微的指责也不应该受。因为奸夫引起骚乱，而且很有可能造成流血，所以有极好的实际理由谴责他。围攻特洛伊城是由于不尊重夫权而引起动乱的一个极端例子，但是，甚至在有关各方不那么高贵的情况下，类似的事情也会发生，虽然规模较小。当然，那时候妻子没有相同的权利；丈夫对他的妻子没有责任，但他却有尊重别的丈夫的财产的义务。

夫权制家庭的旧制度，以及建立在我们上面一直在考虑的那些感情基础上的道德，在某种意义上说是有成效的；处于支配地位的男子享有相当大的自由，而遭受苦难的妇女处于完全屈从的地位，以至她们的不幸也似乎无足轻重。正是妇女的男女平等的要求起了很大的作用，使新制度在当今世界上成为必要的了。有两种方法可以保证男女平等：要么强迫男人像过去的妇女一样严格奉行一夫一妻制；要么就像对待男人一样，也允许妇女在传统道德标准上放松一些。第一种方法曾是大多数争取女权的先驱更愿意接受的，现在也仍然是教会更愿意采取的；但是在实践中，第二种方法的拥护者要更多一些，虽然他们中的大多数人对于自己行为在理论上是否正当还难以确定。那些认识到需要某种新道德的人，认为很难知道它的戒律究竟应该是什么。

还有另一种新事物的源泉，那就是科学观点在减弱性知识忌讳方面的作用。人们已经认识到，只有允许人们比以前更加公开地谈论各种邪恶（例如性病），才能与它们进行有效的斗争；他们还发现，沉默和无知很容易对个人的心理产生有害的影响。社会学和精神分析都引导认真的学者反对在性的问题上保持缄默的方针，而且许多从事实际教育工作的人，根据他们同儿童接触的经验，也采取了同样的立场。此外，那些对于人的行为具有科学观点的人，发现不可能给任何行为贴上"罪恶"的标签；他们认识到，我们的所作所为都起因于我们的遗传、我们的教育和我们的环境，只有通过控制这些起因，而不是一味斥责，才能制止有害于社会的行为。

因此，我们在寻求性行为的新道德的过程中，自己千万不要受产生旧道德的那些不合理的古代情感的支配，尽管我们应当承认：它们可能偶然产生过一些精辟的格言；因为它们仍然存在（尽管也许是以一种微弱的形式），所以，它们仍然是研究我们问题的资料之一。我们必须断然地做的事情是问问我们自己：哪种道德规范最有可能促进人类的幸福；也要始终牢记：无论哪种道德规范，都不可能被普遍遵奉。那就是说,我们必须考虑这些规范实际上会产生的效果,而不必考虑它们如果完全有效的话会产生的那种效果。

三

接下来让我们考虑关于性知识的问题,这是年龄最小时就出现的问题,而且也是我们所关心的各种问题中困难最小、疑问最少的问题。和儿童谈话时,没有任何正当的理由隐瞒事实。关于性就像关于鱼类的习性或他们感兴趣的其他任何问题一样,应该以完全相同的方式回答他们的问题,满足他们的好奇心。不应该有感情色彩,因为幼儿不像成人一样有感情作用,而且他们也看不出有什么可吹的。从蜜蜂和花的爱情谈起是错误的;迂回曲折地把话题渐渐引到生命的事实,是毫无意义的。把儿童想知道的事告诉他,允许他看他的赤身裸体的父母,并不会使他产生淫欲或老想异性而不能自拔。在官方教育造成的无知中成长起来的男童,比经常听到像谈论其他问题一样谈及性问题的男童,对性要想得更多,讲得更多。官方教育造成的无知和实际的知识教他们对他们的长辈进行欺骗和伪饰。另一方面,真正的无知一旦形成,就可能会成为震惊和焦虑的根源,使人难以适应现实生活。一切无知都是令人遗憾的,但是对性这样重要的事无知,则是个令人担心的危险。

当我说应该把有关性的事情告诉儿童时,我的意思并不是说只是应该把赤裸裸的生理事实告诉他们;我们应该把他们想知道的一切全都告诉他们。我们不应该企图把成人描绘得比他们实际上更有道德，或者把性说成是只出现在婚姻生活中。没有理由欺骗儿童。就像在普通家庭中必然会发生的那样，一旦他们发现父母说谎，他们就会失去对父母的信任，觉得自己对父母说谎也是理所当然的。我不应该把有些事实强加于儿童，但是我宁愿把任何事情都告诉他，也不愿意说假话。以歪曲事实为基础的美德不是真正的美德。不但从理论上，而且从实际经验上讲，我都深信在性问题上彻底开放是防止儿童过度地、淫秽地或不健康地想性问题的最好方法，也是形成开明的性道德之前几乎必不可少的一步。

在关涉成人性行为的地方，在各自有其正当性的对立意见之间达成合理的妥协，绝不是件容易的事。当然，主要困难是嫉妒和性生活中喜新厌旧这两种冲动之间的冲突。诚然，这两种冲动都并不普遍：有些人(虽然他们是极少数)从不嫉妒，有些人(男女都有)则始终深爱自己所选择的伴侣。如果我们能使这两种人中的任何一种人成为普遍，那么就很容易制订一套令人满意的法规。但是，我们必须承认，为这一目的而设计的习俗能够使这两种人中的任何一种人更为普遍起来。

还有许多领域要被一套完整的性道德所覆盖，但是我认为，在对各种制度的效果和合理的性教育引起的变化这两个方面取得更多经验之前，我们不可能把什么事说得非常肯定。显然，婚姻作为一种制度，只是因为孩子才引起政府的关注，只要没有孩子，就应该纯粹被看成是私事。也很显然，即使有孩子，也只是因为父亲的责任，主要是经济上的责任，才引起政府的关注。在不难离婚的地方，如在斯堪的纳维亚半岛，孩子通常是跟母亲的，因而父权制家庭渐趋消亡。如果，像靠工资为生者中发生得越来越多的那样，政府接替了迄今为止一直由父亲承担的责任，那么，婚姻就不再有任何存在的理由，除了在富人和宗教徒中以外，很可能不再是习以为常的事情了。

与此同时，如果男女双方在性关系上、在结婚和离婚时都能够牢记实践宽容、仁慈、诚实和公正这些普遍美德，那就很好了。那些根据传统标准在性方面是有德行的人，也常常认为自己因此用不着像正派的人那样行动。大多数道德家一直如此着迷于性问题，以至于其他一些更有益于社会、从道德上讲是值得称赞的品行，强调得实在是太少了。

十一、自由与学院

这篇文章最初发表于1940年5月,即麦吉军法官裁决罗素"不适合"在纽约市立学院当教授后不久。

一

在讨论学术自由的现状以前,最好还是考虑一下我们说的这个词是什么意思。学术自由的本质,就是选择教师要根据他们对于他们要教的那门学科的精通程度,而对于这种精通程度作出判断的则应当是其他专家。一个人究竟是不是优秀的数学家、物理学家或化学家,只能由其他数学家、物理学家或化学家来判定。然而,他们却能对这个问题作出相当一致的判定。

反对学术自由的人认为,除了应当考虑一个人的专业技能,而且还应当考虑其他条件。他们认为,他应该从不发表同掌权者相左的意见。这是个尖锐的问题,也是极权主义国家于此采取过强硬路线的问题。俄国除了克伦斯基统治的短暂时期外,从来没有享受过学术自由,但是我认为现在甚至比沙皇统治时期更没有这种自由。战前,尽管德国缺乏诸多形式的自由,但它还是相当充分地承认大学教学中的自由原则。现在这一切都变了,结果是,德国最有才能的学者几乎无例外地流亡国外。意大利也对大学实行类似的专制统治,尽管形式稍微温和一点。在西方民主国家中,人们一般都承认,这种情况是可悲的。但是我们不能否认,现在也存在着可能会导致有点类似的邪恶的倾向。

这是一种民主政治独自不足以防止的危险。多数人无拘无束地行使权力的民主政治,可以几乎像独裁统治一样暴虐。对少数派的宽容是明智的民主政治的基本部分,但却是未必被充分记住的部分。

关于大学教师,这些一般性的意见为特别适合于他们的情况的一些规定所进一步证实。大学教师应该是具有专业知识、受过特殊训练的人,这种特殊训练能使他们以特别有可能说明有争议的问题的方式去探讨它们。规定他们对于有争议的问题要保持缄默,就是剥夺社会本来可以从他们的公平公正训练中获得的裨益。许多世纪以前,中华帝国就认识到有特许批评的必要,于是设立御史台,它由以博学睿智闻名的人组成,他们被赋予批评皇帝和朝廷的权利。不幸的是,这套制度也像传统中国的其他一切事物一样,成了官样文章。有一些事情,尤其是宦官权力过大,是允许御史们指责的,但是如果他们的批评越出常规的范围,皇帝就常常忘了赐予他们的豁免权。我们这里也正在发生大致相同的事情。批评在很大的范围里是被允许的,但是当人们感到批评确有危险时,某种形式的惩罚往往就会落到批评者身上。

在这个国家中,学术自由受到来自两方面的威胁:富豪和教会,他们力图联手建立经济上和神学上的审查。对共产主义的谴责轻而易举地使两者携手合作,凡是自己不喜欢的看法,都轻率地给它加上共产主义的罪名。例如,我已有兴趣地注意到,尽管我从1920年起一直严厉地批评苏联政府,尽管近年来我一直强调指出苏联政府至少像纳粹政府一样坏,然而批评我的人却无视这一切,而且还洋洋得意地援引那么一两句话,在这些话里,当我怀着希望时,我提起过俄国最终产生好东西的那种可能性。

对于掌权者集团不喜欢其意见的人,对付他们的方法已相当高明了,这种方法是对有序进步的一大威胁。如果有关的这个人还年轻,而且相对说来也没有什么名气,那么,有人就会劝诱他的上司指责他业务能力不行,他就会悄悄地被辞退。对于年事较高、名气颇大,以至运用这种方法难以奏效的人,则用编造谎言、颠倒黑白的方法激起对他们的公愤。大多数教师自然不愿意使自己遭受这些危险,于是就避免在公开的场合发表不太正统的意见。这是一种危险的事态,它偏颇地迫使公正无私的才智之士保持缄默,保守主义势力和蒙昧主义势力相信自己依然能够取得胜利。

二

自由民主政治的原则是:解决有争议的问题应该是通过论证,而不是通过武力。这一原则曾激励过美国宪法的缔造者。自由主义者始终认为,看法的形成应该是通过不受限制的争论,不应该只允许听取一面之词。无论是古代还是现代的专制政府,都持相反的看法。至于我,在这件事上我看不出有任何理由抛弃自由的传统。如果我掌权,我不会试图阻止我的反对者发表意见。我会设法为所有意见提供同等的便利,把结局交给讨论和争辩的结果来定。据我所知,在波兰受德国人迫害的学术上的牺牲者中,有一些完全是正统天主教徒的著名逻辑学家。尽管他们的教友并不对我报以赞美,我还是要竭尽全力为这些人争取学术地位。

自由观点与非自由观点的主要区别是:前者认为一切问题都是可以讨论的,一切意见或多或少都是可以怀疑的;而后者事先就认为有些意见是绝对无可置疑的,不应当允许有人发表反对它们的论点。关于这一立场的怪诞之处是相信:如果允许公正的调查,那么它就会使人们得出错误的结论;因此,无知是防止错误的唯一措施。这种观点是希望理性而不是偏见支配人类行动的任何人都不能接受的。

自由观点是17世纪末叶,作为对宗教战争的反动,产生于英国和荷兰的一种观点。这些战争极其激烈地进行了130年之久,难分胜负。每一方都绝对肯定自己是正义的,认为自己获得胜利对于人类来说极其重要。最后,明达的人对这场不能决定胜负的斗争渐渐感到厌倦,断定战争双方固执已见的自信都是错误的。在哲学和政治学这两个领域都表述过新观点的约翰·洛克,在越来越宽容的时代之初就著书立说。他强调人类的判断难免有错,开创了一个进步的时代,这个时代一直延续到1914年。正是由于洛克及其学派的影响,天主教徒在新教国家受到宽容,新教徒在天主教国家也受到宽容。关于17世纪的论战,人们或多或少吸取了宽容的教训,但是关于第一次世界大战结束后开始的新论战,人们却忘记了自由主义哲学家睿智的箴言。我们不再像查理二世朝廷中热心的基督教徒那样听人谈到贵格会教徒就毛骨悚然,但是对于那些把17世纪贵格会教徒解决当时问题的观点和原则用来解决当代问题的人,我们却谈虎色变。我们不同意的意见,年代一久便受到一定的尊重,而并不为我们共同持有的新意见却总是使我们感到震惊。

关于民主政治的正当职能,有两种尚可接受的观点。按照一种观点,多数派的意见在一切领域里都应该占绝对优势。按照另一种观点,凡是无须公决的地方,应该把不同的意见按照其频次的比例、尽可能详尽地表达出来。这两种观点的实际结果迥然不同。按照前一种观点,当多数派决定赞成某一意见时,就不应当允许表达其他意见,或者,如果表达的话,那么也必须完全被限制在不引人注目的、没有什么影响力的渠道。按照另一种观点,应该给予少数派意见以与给予多数派意见相同的表达机会,但只是程度较小而已。

这尤其适用于教学工作。不应该要求想在公立学校任教的男女发表多数人的意见,虽然大多数教师自然会这样做。不仅不应当寻求教师们所发表的意见的一致,而且有可能的话要避免这种一致,因为教师中间意见的不同对任何健全的教育来说是必不可少的。对于公众意见有分歧的问题,只听一面之词的人不能算是受过教育的。民主国家的教育机构中最重要的教育内容之一就是培养权衡各种论点的能力,以及事先准备哪一方意见看起来更有道理就接受哪一方意见的那种开放的心态。一旦对教师可以公开发表的意见强行加以审查,教育便不再为这个目的服务,而且往往造就一群狂热的盲从者而不是一群男子汉。第一次世界大战结束以来,狂热的盲从又重新流行起来,直至它在世界上很大一部分地区变得像宗教战争时期一样令人难以忍受。所有反对自由讨论和试图对青年可能接触到的意见强行加以审查的那些人,都在尽自己的力量增强这种盲从,把世界进一步推入洛克和他的助手们曾将世界逐渐从中拯救出来的那个冲突和不宽容的深渊。

有两个问题人们分得不够清楚:一个是关于最好的政府形式的问题;另一个是关于政府职能的问题。我心里毫不怀疑民主政体是最好的政府形式,但是民主政体在政府职能的问题上也会像其他任何形式的政体那样误入歧途。对于有些事情必须采取共同的行动;关于这些事情,共同的行动应该由多数人来决定。对于另外有些事情,共同的决定既没有必要,也不值得想望。这些事情包括意见的领域。因为掌权者有一种把权力用到极致的自然倾向,所以,应该设有各种制度,以及要么在实际上要么在理论上拥有某种不受政府控制的有限独立性的各种有组织的团体,就成了防止专制的必要措施。存在于其文明源于欧洲的那些国家的这种自由,可以从历史上追溯到中世纪教会与政府之间的冲突。在拜占庭帝国,教会被政府所制伏,我们可以把俄国完全没有任何自由传统归因于这一事实,因为俄国的文明源于君士坦丁堡。在西方,最初是天主教会,接着是新教各教派,与政府相比,逐渐获得了一些自由。

尤其是学术自由,本来就是教会自由的一部分,因此,它在亨利八世时代的英国便黯然失色。我再说一遍,在每个国家中,不管它的政府是什么形式,要维护自由,就必须有各种拥有某种不受政府控制的有限独立性的团体,在这类团体中,重要的是应当包括大学。在当今的美国,私立大学比那些名义上属民主政府管辖的大学有更多的学术自由,这是由于对政府正当职能的、流传非常广泛的误解。

三

纳税人认为,因为他们支付了大学教师的薪水,所以他们就有权决定这些人应教什么。如果从逻辑上实行这条原则的话,那么它就将意味着大学教授所享受的优等教育的所有好处都将化为乌有,他们就会像毫无专业能力一样进行教学。"愚蠢摆起博士架子驾驭才能"①,是莎士比亚要求平静辞世的原因之一。但是许多美国人都认为,民主政治需要在所有的公立大学中都有这种驾驭。行使权力是一大快事,尤其是当无名小卒对名人行使权力时,那就更是如此。杀死阿基米德的罗马士兵,如果他年轻时被迫学过几何学,那么在他结束一位这么有名的坏人的生命时,肯定会感到异常兴奋。一个无知的美国盲从者在用他的民主权力反对那些持有使没有受过教育的人反感的各种观点的人时,也会有同样的兴奋感。

也许存在着一种民主地滥用权力的特殊危险,那就是,由于对于权力的这些滥用是集体性的,它们受到暴民之歇斯底里的激励。在民主国家里,行使权力几乎迟早总会产生专制,而多数人行使权力的习惯造成了对专制的陶醉和冲动。在这样的民主国家里,有唤起暴民之迫害本能这种本事的人,就具有超乎寻常的作恶能力。防止这种危险的主要屏障,就是旨在与非理性地发泄集体仇恨的倾向作斗争的健全教育。大多数大学教师都希望实施这种教育,

---

① 译文见朱生豪等译《莎士比亚全集》(十一),第224页。——译者

但是他们的那些富豪统治集团和僧侣统治集团中的主人却尽可能使他们难以有效地执行这一任务。因为这些人的权力全靠群众的非理性热情；他们知道，如果理性思维的能力得到普及，他们就会垮台。由下层的愚昧无知和上层的酷爱权力结合而成的权力，使有理性的人们的努力尽成泡影。只有在这个国家的公立教育机构中实行比以往更大限度的学术自由，才能避免这种邪恶。迫害那种不受欢迎的才智之士，对于任何国家来说都是非常严重的危险，并且常常是国家崩溃的原因。西班牙就是现成的例子，在那里，驱逐犹太人和摩尔人导致农业衰退和采取完全疯狂的财政措施。这两个原因对于西班牙从欧洲的统治地位上衰落下来要负主要责任，尽管查理五世政权最初还掩饰它们的影响。可以有把握地设想，同样的原因，即使不是在不久的将来，最终也会在德国产生同样的结果。在俄国，同样的邪恶已经施行了比较长的时间，其结果也已明显可见，甚至从军事机构的无能上也可以看得出来。

目前，俄国是这样一种国家的最完美的典型：在这种国家中，无知的盲从者拥有何种程度的驾驭，他们也企图在纽约达到这种程度的驾驭。A. V. 希尔教授从1938年12月的《苏联天文学杂志》中援引了下列文字：

1. 现代资产阶级的宇宙起源说，由于拒绝接受唯一正确的辩证唯物主义思想，即宇宙在空间和时间上的无限性，而处于意识形态极度混乱的状态。
2. 法西斯主义的代理人一度曾设法打入新闻界以及某些天文和其他机构的领导岗位，他们怀有敌意的工作导致了文学作品中令人作呕地宣传资产阶级反革命意识形态。
3. 现有为数极少的关于宇宙学问题的苏联唯物主义著作,直到最近仍然处于孤立状态,并且一直受人民的敌人的压制。
4. 广大的对科学感兴趣人士充其量也只是以对现代资产阶级宇宙学理论的意识形态方面漠不关心的态度教育出来的……。
5. 要揭露苏联人民的敌人,就必须发展新的苏联唯物主义宇宙学……。
6. 人们认为,苏联科学必须带着以我们哲学的方法论为基础的宇宙学理论方面的具体成就,走上国防科学舞台。

把"苏联"改成"美国",把"法西斯主义"改成"共产主义",把"辩证唯物主义"改成"天主教真理",你就会得到一份这个国家中学术自由的敌人几乎都会签署的文件。

四

关于形势,有一种令人鼓舞的特点,那就是美国多数派的专制绝不是什么新玩意儿,但它很可能比一百年前要好些。任何人都可以从德·托克维尔的《美国的民主》一书中得出这个结论。他说的许多话现在仍然适用,但是他的有些言论肯定已不再正确。例如,我不能同意:"在文明世界中,没有任何国家比美国更不重视哲学"。但我认为下面这段话在今天看来仍然是有些道理的,尽管不像在德·托克维尔的时代那么有道理。

在美国，多数派为看法自由设置了非常难以逾越的障碍圈：在这个圈子里，作者愿写什么就可以写什么，但是一越出这个圈子，他就会后悔莫及。这倒不是因为他会面临宗教裁判所判处的恐怖刑罚，而是因为他会遭受天天辱骂的迫害和冷落的折磨。他的政治生涯就会永远完结，因为他冒犯了唯一能使他成功的权威。各种补偿，甚至名誉的补偿，他都不能得到。他在公开发表自己的看法之前，还以为其他许多人也和自己一样持有这些看法；但是他一公开说出这些看法，就受到专横的反对者的厉声指责，而那些有和他一样的想法但没有勇气说出来的人，却悄悄地抛弃了他。由于被自己每天所作的努力弄得烦恼，他最后屈服了，而且慢慢变得沉默寡言，好像因说实话而遭受悔恨的折磨似的。

我认为，也必须承认，德·托克维尔关于民主国家中支配个人的那种社会权力的论述是正确的：

民主国家的居民，当他把自己各别地与他周围所有的人进行比较时，会得意地感到他和他们之中任何一个人都是平等的；但是当他环顾他的全体同伴，把自己和这样一个庞大的团体进行比照时，他马上就会被自己微不足道和软弱无力的感觉所压倒。使他不受任何一个被分别对待的同胞支配的那种身份地位，使他孤立无援地受大多数人的影响。因此，公众在民主国家的人民中有一种独特的权力，贵族统治的国家甚至根本不可能想到这种权力；因为它不是劝说别人接受某些看法，而是强迫别人接受某些看法,并且通过全体的意愿对于每个人的理性的一种巨大压力,向大学教师灌输这些看法。

自德·托克维尔的时代以来,不仅在民主国家,而且也不是主要在民主国家,随着极权主义的强大,个人的形象极其迅速地变得渺小起来。这是对西方文明世界非常严重的威胁,如果不加以制止,它就很可能使理智停止进步。因为一切重大的理智进步都靠不受外界看法影响的独立自主,在像正统派尊重上帝的意志那样恭恭敬敬地对待多数人意志的地方,这种独立自主是不可能存在的。尊重多数人的意志要比尊重上帝的意志更为有害,因为多数人的意志是可以探知的。大约四十年前在德班城①,一位地平学会会员向世界挑战,要求进行公开的辩论。接受挑战的是一位商船船长,他赞同地圆说的唯一论据是他曾经环绕地球航行过。当然,这种论点很容易驳倒,因此宣传地平的人获得了三分之二的多数。既然人民的呼声是这样宣示的,真正的民主主义者就必定会推断出在德班地球是平的。我希望从那时起,凡是不在宣称地圆说是旨在导致共产主义和家庭消亡的异教教义的声明书上签署的人,都不得在德班的公立学校任教(我相信那儿没有大学)。不过关于这方面,我消息并不灵通。

哎呀,集体的智慧不足以代替个人的才智。反对被普遍接受的意见的个人,始终是一切进步(无论是道德上的进步,还是理智上的进步)的根源。他们不受欢迎,这是很自然的。苏格拉底、基

---

① 德班(Durban),南非的一个海港城市。——译者

督、伽利略都同样受到正统派的指责。但是以前的镇压机器远不如我们现在的镇压机器那么管用,那时异教徒即便被处死,他们还是赢得了公众的充分注意。殉教者的鲜血是教会的种子,但是在像现代德国这样的国家中,便不复如此了,在那里殉难是秘密的,殉教者的学说无法得到传播。

如果反对学术自由的人能够随心所欲的话,他们就会使这个国家在传播他们不赞同的学说方面降低到德国的水平。他们会用有组织的专制代替个人的思想;他们会排斥一切新事物;他们会使社会停滞不前;最后,他们会使一代一代的人从出生到死亡在人类历史上不留下任何痕迹。在某些人看来,此刻他们正在查问的似乎不是非常重大的事情。有人可能会说,在一个为战争所骚扰、为迫害所折磨、到处都是囚禁那些不愿和邪恶同流合污的人的集中营的世界上,像学术自由这样的问题有什么了不起的呢?我承认,与这类事情相比,学术自由的问题本身并不是头等重要的。但它是同一场战斗的重要组成部分。让我们牢记,在最重大的问题上也和在那些似乎不那么重大的问题上一样,处于危险之中的是个人的人之精神表达自己的信仰和对于人类的希望的自由,不管这种信仰和对于人类的希望是许多人所共有的,还是极少数人或无人所享有的。新的希望、新的信仰和新的思想始终是人类所必需的,人们不可能期待它们从死气沉沉的一致中产生出来。

十二、上帝的存在

——伯特兰·罗素与耶稣会F.C.科普尔斯顿神甫的辩论

这场辩论最初于1948年在英国广播公司第三套节目中播送。原文发表在1948年秋季号《人道主义》上,承蒙科普尔斯顿神甫惠予同意,转载于此。

科普尔斯顿:在打算讨论上帝的存在之前,也许还是先就"上帝"一词的理解达成某种临时协议的好。假定我们所说的"上帝"是指一个至高无上的人物——以别于世界和世界的创造者。你会同意——至少暂时同意——接受关于"上帝"一词的含义的这一说法吗?

罗素:是的,我接受这个定义。

科普尔斯顿:那么,我的态度是肯定的,即这样的人物确实存在,而且也可以从哲学上证明上帝的存在。也许你会告诉我说,你的态度是不可知论的或是无神论的。我的意思是,你会说上帝的不存在是可以证明的吗?

罗素:不,我不会说:我的态度是不可知论的。

科普尔斯顿:你会同意我的看法,认为上帝的问题是一个非常重要的问题吗？例如，你会同意这样一种观点，即认为如果上帝并不存在，人类和人类历史除了他们为自己选定的目的以外，不可能再有别的目的，而这——实际上——很可能意味着是有权将之强加于人的人所强加的目的吗？

罗素：粗略地说来，我同意你的看法，虽然我必须对你最后那半句话加以某种限制。

科普尔斯顿：你会同意这样一种观点，即认为如果没有上帝——没有绝对的神——就不可能有绝对价值吗？我的意思是：你会同意这样一种观点，即认为如果没有价值的相对性所产生的绝对的善，就不可能有绝对价值吗？

罗素：不，我认为这些问题从逻辑上讲是有区别的。就以 G. E. 穆尔的《伦理学原理》为例，他在书中坚持认为善恶有别，两者都是明确的概念。但是他并没有引进上帝的观念来支持那种论点。

科普尔斯顿：好吧，让我们把善的问题留到后面，留到我们讲到道德论证时再来讨论。我首先提出形而上学论证。我想把主要重点放在以莱布尼茨的从"偶然性"出发的论证为基础的形而上学论证上，接着在后面我们可能会讨论道德论证。我先就形而上学论证作一简短的说明，然后接着就讨论该论证，怎么样？

罗素：我看那样安排很好。

从偶然性出发的论证

科普尔斯顿：那好，为了能说得清楚一些，我将把这个论证分成几个不同的阶段。据我看,首先,我们知道世界上至少存在着某些自身不包含存在理由的存在物。比如说,我依靠我的父母,现在依靠空气、食物等等。其次,世界只是个别物体真实的或想象的全体或聚集体,这些个别物体自身都并不单独地蕴涵存在的理由。正如人类是某种不可与其成员截然分开的东西一样,没有一个世界在性质上有别于组成它的物体。因此据我看,由于物体或事件的存在,由于任何有经验的物体自身都不包含存在的理由,这种理由,物体的全体,必定会有一个自身以外的理由。那个理由必定是一个存在物。那么,这个存在物要么本身就是它自己存在的理由,要么就不是。如果就是,那再好没有了。如果不是,那么我们必须进一步探讨。但是如果我们那样无休止地探究下去,那么永远也不可能得到有关存在的解释。所以据我看,为了解释存在,我们必须谈到一种自身包含其自己存在理由的存在物,也就是说,这种存在物是不可能不存在的。

罗素:这会引出许许多多问题,而且总的说来不容易知道究竟从何谈起,但我认为,要回复你的论证,也许最好还是从必然的存在物这个问题谈起。我坚持认为,"必然的"这个词只能有意义地用于命题。事实上,只用于诸如分析的那种命题——也就是说——诸如否定它便会自相矛盾的那种命题。如果真有否认它的存在便会自相矛盾的存在物,那么我只好承认有必然的存在物。我倒想知道,你是否会接受莱布尼茨把命题分为理性的真理和事实的真理的这种方法。前者——理性的真理——是必然的。

科普尔斯顿：哦，我肯定不会赞成似乎是莱布尼茨关于理性的真理和事实的真理的观念的那种思想，因为对他来说，好像最终只有分析命题。对莱布尼茨来说，事实的真理最后似乎可以归结为理性的真理，也就是说，可以归结为分析命题，至少对博识之士来说是如此。好啦，我不能同意那种观点。理由之一是它不会满足自由经验的要求。我并不想支持整个莱布尼茨哲学。我利用了从偶然存在物到必然存在物的论证，把这一论证建立在充足理由律的基础上，这只是因为在我看来，它是对据我看是关于上帝存在的形而上学基本论证的东西的一种简单明了的表述。

罗素：但是，依我之见，"必然命题"必须是分析的。我看出它还能有什么其他的意思。而分析命题总是复杂的，而且在逻辑上多少有点晚。"无理性的动物是动物"是一个分析命题；但诸如"这是一个动物"之类的命题却永远不可能是分析的。事实上，所有能成为分析命题的命题，在命题的形成上都多少有点晚。

科普尔斯顿：就以"如果有偶然存在物，那么就有必然存在物"这个命题为例。我认为，用假设表达的命题是必然命题。如果你打算把每一个必然命题都叫作分析命题，那么——为了避免术语上的争论——我就同意把它叫作分析命题，尽管我并不认为它是个同义反复的命题。但是这个命题只有在假设有偶然存在物的前提下才是必然命题。确实存在着偶然存在物这一点，必须由经验来揭示，而存在偶然存在物这个命题，肯定不是个分析命题，虽然我坚持认为，你一旦知道存在着偶然存在物，就必然会因此认为存在着必然存在物。

罗素：这个论证的困难就在于我不承认必然存在物的观念，而且也不承认把其他存在物称为"偶然的"有什么特殊的意义。这些短语对我毫无意义，除非用在我所拒斥的逻辑范围内。

科普尔斯顿：你的意思是不是说，你之所以拒斥这些术语是因为它们不适合所谓的"现代逻辑"？

罗素：哎呀，我看不出它们能有什么意义。在我看来，"必然的"这个词是个无用的词，除非把它用于分析命题而不是用于事物。

科普尔斯顿：首先，你说的"现代逻辑"是什么意思？就我所知，存在着各种多少有点不同的体系。其次，并不是所有的现代逻辑学家肯定都会承认形而上学是毫无意义的。至少，我们俩都认识一位非常著名的当代思想家，他的现代逻辑知识造诣很深，但他肯定并不认为形而上学是毫无意义的，或者说，尤其是他肯定并不认为上帝的问题是毫无意义的。再说，即使所有的现代逻辑学家都认为形而上学术语是毫无意义的，也不能因此就认为他们是正确的。在我看来，形而上学术语是毫无意义的这个命题，似乎是一个以假想的哲学为基础的命题。隐藏在它背后的武断态度似乎是这样一种见解：凡是不愿进入我的身体器官的都是不存在的，或者说，是毫无意义的；这是感情的表达。我只是在试图指出，凡是说现代逻辑的某种特殊体系是意义的唯一标准的人，都是在说过分武断的话；他是在武断地坚持哲学的一部分就是整个哲学。"偶然"存在物毕竟是本身并没有其存在的十足理由的存在物，那就是我说的偶然存在物的意思。你我都知道，如果不参照我们之外的某物或某人，比如说父母，就不可能解释我们两个人的存在。另一方面，"必然"存在物是指一种必定存在而且不可能不存在的存在物。你可能会说，不存在这样的存在物，但是你会发现很难使我相信你不理解我正在使用的这些术语。如果你不理解这些术语，那么你怎么有资格说这样的存在物不存在呢（如果你确实说过那种话的话）？

罗素：好啦，这里面有些问题我不打算详细探讨了。我根本不坚称普通形而上学毫无意义。我坚持认为某些特殊术语毫无意义——不是由于任何普通原因，而只是因为我还看不到对这些特殊术语的解释。它不是一般的教条——它是特殊的事物。但是我将暂时不考虑这些问题。我要说的是，在我看来，你所说的这些话似乎把我们带回到了关于存在着一种其本质包含着存在的存在物的本体论论证，因此，他的存在是分析的。在我看来，那好像是不可能的，它当然会引出人们所说的存在是什么意思的问题，关于这一点，我认为，我们绝不能另有含义地说被定名的主词存在，而只能说被描述的主词存在。事实上，完全可以肯定，那种存在不是一种谓词。

科普尔斯顿：好啦，我相信，你说的是，例如，说"T. S. 艾略特存在"是不符合语法的，或者更确切地说是不符合句法的；例如，人们应当说："他，《大教堂凶杀案》的作者，存在。"你是不是想要说，"世界的原因存在"这个命题是没有意义的？你可以说世界没有原因；但是我不明白你怎么能说"世界的原因存在"这个命题没有意义。用疑问句的形式来表述："世界有原因吗？"或者"世界的原因存在吗？"大多数人肯定会理解这个问题，尽管他们对于这个问题的回答意见不一。

罗素：嗯，"世界的原因存在吗？"这个问题肯定是个有意义的问题。但是如果你说"是的，上帝是世界的原因"，你是在把上帝用作专有名称；那么，"上帝存在"就不会是一个有意义的陈述；那是我正在坚持的立场。因为由此可以得出这样的结论：说这个存在，或那个存在，永远不可能是分析命题。例如，假定你把"存在的圆正方形"当作你的主词，那么"存在的圆正方形存在"看起来就会像是一个分析命题，但它并不存在。

科普尔斯顿：对，它并不存在。但是你确实不能说它不存在，除非你有关于什么是存在的概念。至于"存在的圆正方形"这一短语，要我说，它根本没有意义。

罗素：我完全同意。但是据我看，另一场合所提到的"必然存在物"是同一种东西。

科普尔斯顿：哎呀，我们好像陷入了僵局。说必然存在物是必定存在、不可能不存在的存在物，对我来说具有明确的意义。对你来说，它却没有意义。

罗素：噢，我想我们可以讲得更深入一点。根据你的说法，必定存在、不可能不存在的存在物肯定会是一种其本质包含存在的存在物。

科普尔斯顿：是的，其本质是存在的存在物。但是我可不愿意简单地从上帝本质的观念出发论证上帝的存在，因为我认为到现在为止我们还没有任何关于上帝本质的清晰直觉。我认为，我们必须根据经验世界与上帝的关系进行论证。

罗素：是的，我完全明白这种差别。但是同时，就具有足够知识的存在物而言，说"这就是其本质包含存在的这种存在物！"倒是正确的。

科普尔斯顿：是的，如果有人看见了上帝，他肯定会明白上帝必定存在。

罗素：所以我意思说有一种其本质包含存在的存在物，尽管我们不了解那种本质。我们只知道有这样一种存在物。

科普尔斯顿：是的，我还应当补充说，我们并不先验地了解这种本质。我们只是归纳地通过对世界的经验，才知道那种存在物的存在。还有，人们论证，本质和存在必定是同一的。因为如果上帝的本质和上帝的存在不是同一的，那么就必须在上帝之外去寻找这存在的某种充足理由。

罗素：所以它完全取决于充足理由这个问题，而我必须指出，你还没有用我能理解的方式解释"充足理由"——你说的充足理由是指什么呢？该不是指原因吧？

科普尔斯顿：不一定。原因是一种充足理由。只有偶然存在物才有原因。上帝是他自己的充足理由；他不是他自己的原因。我所说的充足理由完全是指足以说明某种特殊存在物存在的充分解释。

罗素：但是一种解释什么时候是充分的呢？假如我正打算用火柴点火。你可以说对那种情况的充分解释就是我在火柴盒上划火柴。

科普尔斯顿：嗯，事实上是如此——但是在理论上，那只是一种部分解释。充分的解释最终必须是全部解释，该解释达到了无以复加的程度。

罗素：那么我只能说你正在寻找某种不可能得到的、人们不应当期求的东西。

科普尔斯顿：说人们还没有找到它，是一回事；说人们不应该寻找它，在我看来，是相当武断的。

罗素：这个，我可不知道。我的意思是，对一个事物的解释是另一回事，这另一回事使其他事物又再取决于另一事物，为了做你想做的事情，你就必须掌握这个令人沮丧的万物之复杂整体，那是我们不可能做到的。

科普尔斯顿：但是你是不是想要说我们不能，或者甚至不应该提出关于这个令人沮丧的万物之复杂整体——整个宇宙——的存在的问题？

罗素：是的。我认为它根本没有任何意义。我认为"宇宙"这个词在有些上下文里是个便于使用的词，但是我并不认为它代表任何有意义的事物。

科普尔斯顿：如果这个词是没有意义的，它就不可能这样便于使用。总之，我并不认为宇宙是某种不同于构成宇宙的物体的东西（我在对证据的简短概述中已经指出了这一点），我正在做的事情是寻找理由，在目前情况下是寻找物体的原因——构成我们称之为宇宙的那种东西的真实的或想象的总体。我想，你是不是认为宇宙——或者，如果你愿意的话，我的存在，或者其他任何存在——是难以理解的？

罗素：首先，我会接受"如果一个词是没有意义的，它就不可能是便于使用的"这样一种观点吗？这种观点听起来挺有道理，但实际上并不正确。比如说，就以"这"（the，英语中的定冠词）或

十二、上帝的存在

"比"这类词为例。你指不出这些词意指什么物体，但它们却是非常有用的词；"宇宙"这个词我看也一样。但是暂且不谈这种观点，你问我是否认为宇宙是难以理解的。我不会说难以理解——我认为它是没有解释的。在我看来，易于理解是另一回事。易于理解必须内在地与事物本身有关，而不是与事物的关系有关。

科普尔斯顿：噢，我的观点是，除了上帝的存在以外，我们称之为世界的那种东西是内在地难以理解的。你知道，我相信，如果事件系列——可以说，我指的是横向水平系列——的无穷长能得到证实的话，这种无穷长不会与环境有丝毫关系。如果你把巧克力加起来，最终你得到的还是巧克力而不是羊。如果你把巧克力加起来直到无限，你得到的大概是数量无限多的巧克力。因此，如果你把偶然存在物加起来直到无限，你得到的依然是偶然存在物，而不会是必然存在物。在我看来，无穷系列的存在物像一个偶然存在物一样，都不能成为自身的原因。不过，我想，你是不是认为提出什么能说明任何特殊物体的存在的问题是不合理的？

罗素：如果你所谓的说明任何特殊物体的存在，意思只不过是为它寻找一个原因，那么它是完全正确的。

科普尔斯顿：那么，为什么停留在一种特殊的物体上呢？为什么不应当提出所有特殊物体存在的原因这个问题呢？

罗素：因为我看没有理由认为存在着任何原因。原因的整个概念是我们从观察特殊事物中获得的概念；我看没有任何理由假定总体有什么原因。

科普尔斯顿：哎呀，说不存在任何原因，与说我们不应该寻找原因，不是一回事。要是不存在任何原因的说法能够产生，它也应当产生在探究的末尾，而不是产生于探究的开始。总之，如果总体没有原因，那么按我的想法，总体必定是它自己的原因，而我看这是不可能的。再说，如果在回答问题时说世界的确在那儿，那么这种说法就已经预先假定了那个问题是有意义的。

罗素：不，它不必是它自己的原因，我说的是，原因的概念不适用于总体。

科普尔斯顿：那么你同意萨特的看法，认为宇宙就是他称之为"无缘无故"的东西？

罗素：喔，"无缘无故"这个词暗示它可能是其他某种东西；据我看，宇宙就在那儿，如此而已。

科普尔斯顿：那么，我不明白，你怎么能摒除问总体或任何事物究竟是怎么会在那儿的这个问题的合理性。问题在于：为什么有事物而不是无事物？关于我们以经验为依据从特殊原因中获得因果关系的知识这一事实，并不排除问什么是系列原因的可能性。如果"原因"这个词是没有意义的，或者如果能证明康德的物质观是正确的，我就同意说这个问题是不合理的；但你似乎并不认为"原因"这个词是没有意义的，而我也并不认为你是康德主义者。

罗素：我能说明在我看来乃是你的谬误的东西。每个存在的人都有母亲，在我看来你的论点似乎是，因此人类也必定有母亲，但是人类显然没有母亲——那是一个不同的逻辑领域。

科普尔斯顿：哎呀，我确实看不出任何相同之处。如果我说"每一物体都有可感知的原因，因此，整个系列也有可感知的原因"，那么就会有一种相同之处；但是我并没有那样说；我是说，如果你坚持系列的无穷性，那么，每个物体都有可感知的原因——但是，可感知的原因的系列是系列的非充分解释。因此，系列没有可感知的原因，但是有超验的原因。

罗素：不管怎么说，那就是假定不但世界上的每一特殊事物，而且作为一个整体的世界，都必定有原因。我看不出这一假定有什么根据。如果你想告诉我根据，我倒愿意洗耳恭听。

科普尔斯顿：那好吧，事件系列要么是引起的，要么不是引起的。如果它是引起的，那么显然必定有一种在系列之外的原因。如果它不是引起的，那么它对其本身就是充分的。如果它对其本身就是充分的，那么它就是我所说的必然的东西。但它不可能是必然的，因为每一成员都是偶然的，而我们都已一致同意，总体离开它的成员就不再是实在，因此，它不可能是必然的。因此，它不可能是（引起的）——无缘由的——因此它必定有原因。而且我倒想顺便说一下，"世界的确在那儿，它是无法解释的"这种说法是不可能从逻辑分析中得出来的。

罗素：我不想让别人觉得我狂妄自大，但是我确实认为，我似乎能构想出你说人的头脑构想不出的东西。至于没有原因的事物，物理学家们向我们保证说，原子中个体量子的跃迁是没有原因的。

科普尔斯顿：这个，我现在还不知道那是不是一种暂时的结论。

罗素：可能是，但是它确实表明物理学家的头脑能够构想出它。

科普尔斯顿：是的，我同意，有些科学家——物理学家——愿意在有限的领域里允许不确定。但是很多科学家却不那么愿意。我想，伦敦大学的丁格尔教授坚持认为海森伯测不准原理告诉我们关于现代原子理论在使观察相互关联方面的成功（或没有成功），而不是关于这一原理本身的性质的某些事情；许多物理学家都会接受这一观点。总之，我不明白，即使物理学家在理论上不接受这个理论，他们怎么能在实践中不接受它。我搞不懂，怎么能根据除了性质上的秩序和可理解性假设之外的其他任何假设来从事科学研究。物理学家至少是心照不宣地预先假定，调查性质和寻找事件的原因具有某种意义，就像侦探预先假定寻找谋杀的原因具有某种意义一样。形而上学者假定，寻找现象的理由或原因具有意义。我不是康德主义者，我认为形而上学者的假定同物理学家的假定一样有道理。例如，萨特就说，世界是无缘无故的，我想他说这话时并没有充分考虑"无缘无故"的含义是什么。

罗素：我认为——在我看来，这里似乎有某种无法证明为正当的延伸；物理学家寻找原因；那并不一定意味着到处都有原因。一个人可以寻找黄金而不假定到处都有黄金；他要是找到了黄金，那再好没有了，要是没有找到，那是运气不好。物理学家寻找原因，也是这样。至于萨特，我并不自称知道他的意思，我也不想被人认为是解释他的话，但是就我来说，我确实认为世界具有解释的观点是错误的。我不明白人们为什么会指望世界有个解释，我认为你对于科学家的假设所说的那些话有点言过其实。

科普尔斯顿：哎呀，在我看来，科学家确实作过一些这样的假设。当他为发现某些特殊真理而进行实验时，在那个实验的背后就隐含着宇宙不是完全不连续的这一假设。有通过实验发现真理的可能性。实验可能会失败，也可能会毫无结果，或者说，得不到他想要的结果，但是不管怎么说，还是有通过实验来发现他所假设的真理的可能性。而在我看来，那就是假设一个井然有序的、可理解的宇宙。

罗素：我认为你是在作没有必要的概括。毫无疑问，科学家假设这类事物很可能被发现，而且会经常地被发现。他并不假设它一定会被发现，而那是现代物理学中的一件非常重要的事情。

科普尔斯顿：噢，我认为他确实这样假设，或者说，必然会在实践中心照不宣地这样假设。用霍尔丹教授①的话说，这种假设可能是"当我点燃水壶下的煤气时，有些水分子将变成蒸汽飞掉，但是没有办法查明哪个水分子将飞掉"，但这未必能得出这样的结论：必须引进偶然性观念，除非与我们的知识有关。

罗素：是的，未必能得出这样的结论——至少在我还能相信他所说的话的时候。他正在寻找很多事物——科学家正在寻找世界上正在发生的很多事物，这些事物首先是因果链的开端——本身没有原因的初始因。他并不假设每一事物都有原因。

科普尔斯顿：那肯定是某个挑选出来的领域中的初始因。那是一种比较初始的原因。

罗素：我认为他不会这样说。如果存在着一个其中大多数事件而

---

① 霍尔丹（Haldane，J. B. S. 1892—1964），英国生物学家和作家。——译者

非所有事件都有原因的世界,那么他就能够通过假设你感兴趣的这个特殊事件很可能有原因来描绘可能性和不确定性。因为无论如何,你不会得到比可能性更多的东西,可能性就够好的了。

科普尔斯顿:也许科学家并不希望得到比可能性更多的东西,但是他在提出这个问题时假设解释的问题是有意义的。但是,罗素勋爵,那么你的总的观点就是认为甚至问世界的原因的问题也是不合理的吗?

罗素:是的,那就是我的立场。

科普尔斯顿:要是你认为这个问题是没有意义的,那么讨论这个问题当然就很困难了,是不是?

罗素:是的,很困难。你看怎么样——我们接下去是否讨论另外一个问题?

宗 教 经 验

科普尔斯顿:那好吧。那么,我也许可以谈谈宗教经验,然后我们可以讨论道德经验。我并不认为宗教经验是上帝存在的确凿证据,所以讨论的性质多少有点改变,但是我认为,说上帝的存在是对宗教经验最好的解释,是正确的。我说宗教经验,指的不只是感觉善良。我指的是充满爱意而又含混不清地意识到某种物体,它在经验者看来似乎不可反驳地是超越自我的某物,超越一切正常经验物体的某物,不能用图表示或概念化的、但却又是毋庸置疑地真实的某物——至少在经验期间是

十二、上帝的存在

如此。我断言,那不可能单凭主观臆想恰当地、无余地得到解释。总而言之,实际的基本经验最容易根据这样一种假设来解释:即假设实际上存在着那种经验的某个客观原因。

罗素:我倒想回应这样一种论点:即认为从我们自己的心理状态到我们身外之某物的整个论证是一种很巧妙的花招。我认为,即使在我们都承认其正当性的地方,我们也只是因为人类的共识才感到这样做是有道理的。如果一个房间里有一群人,另外还有一个钟,他们都能看见那个钟。他们都能看见钟的这一事实往往会使他们认为看见钟这件事不是幻觉;而这些宗教经验的确常常是很私密的。

科普尔斯顿:对,是这样。我现在谈的确实是严格意义上的神秘经验,顺便说一下,我肯定没有把所谓的幻象包括在内。我指的纯粹是关于超然物体的经验,或者是关于形似超然物体的东西的经验,我完全承认它是难以表述的。我记得朱利安·赫胥黎在某次讲演中说过,宗教经验,或神秘经验,是像坠入情网或欣赏诗歌和艺术一样真实的经验。于是,我相信当我们欣赏诗歌和艺术时,我们欣赏的是确定的诗篇或一件确定的艺术品。如果我们坠入了情网,那么,我们是爱上了某个人而不是没有爱上任何人。

罗素:请允许我在这里打断一下。事实绝不总是那样。日本小说家认为,只有大批真实的人因为爱上虚构的女主人公而自杀,他们的创作才算成功。

科普尔斯顿:噢,我必须相信你所说的关于日本的这些事情。我很高兴地说,我没有自杀过,但是我在采取我一生中的两个重要步骤时,曾受到过两本传记的强烈影响。不过,我必须说,到目前为止我几乎看不出那些书对我的真正影响与神秘经验本身之间有什么相似之处,那就是我作为一个门外汉所能有的对于那种经验的看法。

罗素:噢,我的意思是说我们不要把上帝看作是与小说人物处于同一水平。你承认在这一点上是有区别的吗?

科普尔斯顿:我肯定承认。但我要说的是,最好的解释似乎是非纯粹主观主义的解释。当然,就某些在经验与生活之间几乎没有联系的人来说,就被欺骗的人、有幻觉的人以及诸如此类的人来说,主观主义的解释是可能的。但是,当你理解人们可能会称之为纯正典范的那种人时,比如说阿西西的圣方济各,当你获得一种最终导致能动的、创造性的爱泛滥的经验时,在我看来对那种情况最好的解释似乎是实际存在着那种经验的客观原因。

罗素:哎呀,我并不是武断地坚持认为,不存在上帝。我坚持认为的是,我们不知道存在着上帝。我只能像接受其他记录一样接受记录下来的事物,而且我确实发现,人们报告了非常多的事物,我肯定你不会接受关于精灵、魔鬼和诸如此类的事物——人们报告它们时用完全同样的腔调和完全同样深信不疑的态度。神秘主义者,如果他的视觉是真实的,那么也可以被说成是知道存在着魔鬼。但我却不知道存在着魔鬼。

科普尔斯顿:但是可以肯定,就魔鬼而言,有些人主要是讲视觉、幻象、天使或精灵等等。我倒是排除视觉幻象,因为我认为即使撇开应该被看见的物体的存在不谈,也能够解释视觉幻象。

罗素：但是，你难道不认为有关于这样一种人的记录下来的大量事例，他们就像神秘主义者肯定上帝的存在那样，相信自己在心中听到撒旦在对他们说话——我现在讲的不是外在的视觉，而是纯粹的心理经验。那种经验似乎和神秘主义者关于上帝的经验同属一个类型。我看不出从神秘主义者告诉我们的事情中，你能得到任何不同于关于撒旦之论证的关于上帝之论证。

科普尔斯顿：当然，我完全承认人们曾经想象或以为他们耳闻目睹过撒旦。我不想顺便否定撒旦的存在。但是我并不认为人们曾自称经验过上帝。就拿非基督教徒普罗提诺来说。他承认经验是某种不可名状的东西，物体是爱的物体，因此不是引起恐惧和憎恶的物体。据我看，那种经验的效果得到了证实，或者，我的意思是说，那种经验的确实性在普罗提诺的生平记载中得到了证实。总之，如果我们愿意接受波菲利对普罗提诺的善良和仁慈的描述，那么我们就更有理由认为他曾经有那种经验。

罗素：信仰对人有良好的道德效果这一事实，绝不是证明这种信仰的真实性的根据。

科普尔斯顿：对，但是如果它确实能证明信仰确实是对人生产生良好效果的原因，那么我就应当把它看作是证明某种真实性的根据，如果不能证明信仰的全部确实性，至少能证明信仰中积极的部分。但是不管怎么说，与其说我把人生的品性当作神秘主义者的信仰的真实性的证据，不如说我把人生的品性当作证明神秘主义者的说话诚实和心智健全的证据。

罗素：但是我并不认为，连那也是什么证据。我本人就曾有过使我的品性发生深刻变化的经验。而且不管怎么说，我当时总以为我的品性是朝好的方向变化。那些经验是重要的，但它们并不关涉到我身外某个事物的存在，而且我认为，即使我当时认为它们关涉到我身外某个事物的存在，它们有增进身心健康的效果这一事实也不会是证明我正确的任何证据。

科普尔斯顿：对，但是我认为良好的效果会表明你在描述你的经验时所说的是实话。请记住，我并不是说神秘主义者的传达或对其经验的解释，应该免受讨论和批评。

罗素：年轻人读了历史上某个伟人的生平事迹以后，其品性显然可能——而且常常——受到莫大的陶冶，而且可能会发生这样的事情：伟人是个神话，他并不存在，但是孩子却像真的有过那伟人一样受他熏陶。这样的人是有的。普鲁塔克的《列传》以吕库古为例，这个人肯定没有存在过，但是你带着先前有过吕库古这个人的那种印象去读他，就可能会受很大的影响。你那时就会受你所爱的物体的影响，而它却不是一个实有的物体。

科普尔斯顿：我当然完全同意你对那个问题的看法，一个人可能受小说中人物的影响。我不探究究竟是什么在影响他的问题（据我看是一种实际价值），我认为那个人的情况和神秘主义者的情况是不同的。受吕库古影响的那个人毕竟没有得到过那种不可抗拒的印象：即他以某种方式经验过终极实在。

罗素：我认为你并没有完全懂得我就这些历史人物——历史上的这些非历史人物——所说的话的意思。我不是假定你所谓的对理性的影响的东西。我是假定：阅读这个人的生平事迹并相信他是真实的那个年轻人爱他——这是很容易发生的事情，不过他是在爱一个幻象。

科普尔斯顿：从某种意义上说，他是在爱一个完全真实的幻象，在这个意义上，我的意思是说，他是在爱一个并不存在的某甲或某乙。但是同时，我认为，那个年轻人所爱的并不是幻象本身；他感悟到一种实际价值，一种他认为是客观有效的观念，那就是唤起他的爱的东西。

罗素：噢，从同样的意义上说，我们以前有小说中的人物陪伴。

科普尔斯顿：是的，从一种意义上说，那个人是在爱一个幻象——完全正确。但是从另一种意义上说，他是在爱他感悟到的一种价值。

道 德 论 论 证

罗素：但是，你现在是不是实际上在说，我说上帝，指的是任何善的东西，或善的东西的总和——善的东西的体系，因此，当年轻人爱任何善的东西时，他就是在爱上帝。那就是你要说的吗？因为如果是这样的话，那就得费点唇舌了。

科普尔斯顿：当然，我不是在泛神论的意义上说上帝是善的东西的总和或体系；我不是泛神论者，但是我确实认为一切善都以某种方式反映上帝，而且都来自上帝，以致在某种意义上说，凡是爱的确是善的东西的人，即使他没有提及上帝，他也爱上帝。不过，我依然同意这样一种看法：对人的行为的这种解释的正当性显然取决于对上帝的存在的承认。

罗素:是的,但那是个有待证实的问题。

科普尔斯顿:的确如此,但我认为形而上学论证是探索性的,而我们在那一点上意见相左。

罗素:要知道,我觉得有些事物是善的,而另一些事物是恶的。我爱那些善的事物,爱那些我认为是善的事物;我恨那些我认为是恶的事物。我并不认为这些事物之所以善,是因为它们分享神的善性。

科普尔斯顿:是的,但你区分善恶的理由是什么呢?或者说,你如何看待善恶的区别呢?

罗素:我所拥有的理由并不多于我在区分蓝色和黄色时所拥有的理由。我区分蓝色和黄色的理由是什么呢?我能看出它们是不同的。

科普尔斯顿:好,那是一个绝妙的理由,我同意。你靠观察蓝色和黄色来区分它们,那么你靠什么官能来区分善恶呢?

罗素:靠我的感情。

科普尔斯顿:靠你的感情。好,那正是我要问的。你认为善恶只是与感情有关?

罗素:那么,为什么一类物体看上去是黄的而另一类物体看上去是蓝的?多亏物理学家,我才或多或少能对那个问题作出回答,至于为什么我认为一种事物是善的而另一种事物是恶的,也许有同一种答案,但是人们没有以相同的方式深入研究过这个问题,所以我无可奉告。

科普尔斯顿:那么,让我们以贝尔森集中营长官的行为为例。那种行为在你看来似乎是讨厌的和邪恶的,在我看来也是如此。我们认为,在阿道夫·希特勒看来,那种行为似乎是非常善的和非常可取的。我想你也会不得不承认,那种行为对希特勒来说是善的,而对你来说却是恶的。

罗素:不,我不愿意扯得那么远。我的意思是说,我认为人们在那件事情上也像在其他事情上一样可能犯错误。如果你患了黄疸病,你就会把不是黄色的东西看成是黄色的。你就犯错误了。

科普尔斯顿:是的,人都会犯错误,但是如果它只是涉及感情或情感的问题,你会犯错误吗?希特勒对于诉诸其情感的事情,肯定会是唯一可能的评判者。

罗素:说它诉诸他的情感倒是完全正确的,但是你能对那件事情说各种不同的话,其中包括说这样的话:如果那种事情以那种方式诉诸希特勒的情感,那么希特勒则以完全不同的方式诉诸我的情感。

科普尔斯顿:就算如此。但是,根据你的看法,那么除了感情之外就不存在谴责贝尔森集中营长官的行为的客观标准?

罗素:和对于处于完全相同状态的色盲患者来说一样,也不存在客观标准。为什么我们在理智上谴责色盲患者呢?难道不是因为他属于少数?

科普尔斯顿:据我看是因为他缺乏通常属于人性的东西。

罗素:是的,但如果他属于少数,我们就不应该那么说。

科普尔斯顿:那么你会说,除了使人们能对贝尔森集中营长官的行为和，比如说，斯塔福德·克里普斯爵士①或坎特伯雷大主教的行为作出区别的感情以外，不存在任何标准。

罗素：这种感情过分简单了一点。你必须考虑到行动的效果和你对这些效果的感情。要知道，如果你说你喜欢某些类型的事情而不喜欢另一些类型的事情，你就能对这种感情进行论证。因此你必须考虑到行动的效果。你可以理直气壮地说，贝尔森集中营长官的行动效果是痛苦的和令人不快的。

科普尔斯顿：我同意，对于集中营里的所有人来说，它们肯定是非常痛苦的和令人不快的。

罗素：是的，但不仅是对于集中营里的人来说是如此，而且对于关注他们的局外人来说也是如此。

科普尔斯顿：是的，想象得完全正确。但是我的观点是这样。我不赞成这些行动，我知道你也不赞成这些行动，但是我不明白你有什么理由不赞成这些行动，因为对于贝尔森集中营长官本人来说，这些行动毕竟是令人愉悦的。

罗素：是的，但是你知道，我在这个实例中并不比在颜色知觉的实例中需要更多的理由。有些人以为什么东西都是黄色的，有人患黄疸病，我不同意这些人的看法。我不能证明那些东西不是黄色的，没有任何证据，但是大多数人同意我的看法，认为它们不是黄色的，大多数人也同意我的看法，认为贝尔森集

---

① 斯塔福德·克里普斯爵士（Sir Stafford Cripps, 1889—1952），英国政治家。——译者

中营长官在犯错误。

科普尔斯顿：那么，你同意承担任何道德上的义务吗？

罗素：这个，要回答这个问题，我就得相当详细地回答。从实践上讲——是的。从理论上讲，我就得相当谨慎地给道德上的义务下定义。

科普尔斯顿：那么，你认为"应该"这个词只是具有情感的含义？

罗素：不，我不那么认为，因为你知道，正如我刚才所说的，人们必须考虑到效果，我认为正确的行为是这样一种行为，它很可能会产生在这种情况下可能做出的一切行动的内在价值的最大可能的平衡，你在考虑什么是正确行为时，必须顾及你的行动可能产生的效果。

科普尔斯顿：噢，我之所以提出道德上的义务，是因为我认为人们能够通过那条途径探讨上帝存在的问题。人类中绝大多数人都愿意而且也一直在对是非作某种区分。我认为绝大多数人都具有某种关于道德领域中的义务的意识。我的看法是，价值观念和关于道德律和义务的意识，因假设价值的先验根据和道德律的制订者而得到最好的解释。我说"道德律的制订者"，指的的确是专断的道德律制订者。实际上，我认为，那些用相反的方法论证"不存在上帝，因此不存在绝对价值和绝对律"的现代无神论者是很有逻辑头脑的。

罗素：我不喜欢"绝对"这个词。我并不认为存在什么绝对的事物。例如，道德律总是在变化。在人类发展的某一时期，几乎每一个人都认为吃人肉是一种责任。

科普尔斯顿：哟，我倒没有看出各种特殊道德判断之间的差异是反对道德律的普遍性的决定性论据。让我们暂且假定存在着绝对道德价值。甚至根据那个假设，人们也只能认为不同的个人和不同的集团对那些价值应该享有不同程度的了解。

罗素：我倾向于认为"应该"，一个人所具有的关于"应该"的感情，是这个人的父母或保姆对他说过的话的回声。

科普尔斯顿：那么，我倒要看看你能不能只用保姆和父母的话就把"应该"这个观念解释通。我真的不明白，用其他词语而不用这个词本身怎么能把这个词的意思传达给任何人。在我看来，如果存在着影响人类良知的道德秩序，那么，那种道德秩序若无上帝的存在便无法理解。

罗素：那么，你必须说清楚两种情况中究竟是哪一种。要么上帝只对人类中很小一部分人讲话——碰巧你自己也包括在其中——，要么上帝在同野蛮人的良知讲话时故意说些假话。

科普尔斯顿：这个，你知道，我并不是说上帝真的对良知口授道德箴言。人类的关于道德律内容的观念肯定在很大程度上取决于教育和环境，人必须用他的理性来评价他的社会集团的实际道德观念的正确性。但是，批评为公众所接受的道德准则的可能性则以存在着一种客观标准、存在着一种理想的道德秩序为先决条件，这种理想的道德秩序是强行建立的（我的意思是说它的强制性能为公众所认可）。我认为，对这种理想的道德秩序的认可就是对偶然性的认可的一部分。它意味着上帝的现实基础的存在。

罗素：但是，在我看来，律法制订者总是一个人的父母或某个诸如此类的人。地球上有许许多多多律法制订者都可以说明这一点,而且那可以说明为什么在不同的时代和不同的地方人们的良知会如此惊人的不同。

科普尔斯顿:它有助于说明对特殊道德价值的看法为什么会有不同,否则这种不同就无法解释。它将有助于说明就道德律而言,为什么为各个民族或各个个人所接受的箴言的内容会发生变化。但是,它的形式,康德称之为绝对命令的东西,"应该",我确实看不出那种东西怎么可能通过保姆或父母传达给任何人,因为,根据我的判断,不存在任何合适的、能用来说明它的词语。除它本身以外,你不可能用其他词语给它下定义,因为一旦你不用它本身而是用其他词语给它下定义,你就已经把它说明白了。它就不再是道德上的"应该",而是其他某种东西。

罗素:这个,我认为"应该"的意思是某个人想象的不赞成的结果,它也许是上帝想象的不赞成,但它却是某个人想象的不赞成。我认为那就是"应该"一词的含义。

科普尔斯顿:在我看来,它似乎是只要通过环境和教育就能很容易地说明的那些外在的习俗和禁忌以及诸如此类的东西,但是在我看来,所有那一些似乎都属于我称之为律法问题的东西,都属于内容。"应该"这个观念本身绝不可能由部落首领或其他什么人传达给任何人,因为没有其他词语可以用来进行传达。在我看来,它似乎完全——[罗素插语]。

罗素:但是我并不认为有任何理由说——我的意思是说我们都知道条件反射。我们知道,动物如果因为某一种行动常受到惩罚,那么一段时间以后就会忍住不做出这种行动。我并不认为动物会忍住不在心里争辩说:"如果我这样做,主人会发怒。"它有一种不应该做那种事情的感情。那就是我们自己能做的,仅此而已。

149 **科普尔斯顿**:我看没有理由假定动物具有道德上的义务的意识;我们肯定不会认为动物要对它不驯服的行为负道德上的责任。但是人却有义务的意识和道德价值的意识。我看没有理由假定一个人能够使所有人像动物那样形成条件反射,而且我认为即使一个人有这种能力,你也不应该真的这样做。如果"行为主义"是正确的,那么尼禄皇帝和阿西西的圣方济各之间就不会有道德上客观的区别。罗素勋爵,你知道,我不禁觉得:你认为贝尔森集中营长官的行为在道义上应当受到谴责;即便你认为,或者有理由认为,通过以那种可恶的方式对待某些人也许可以使人类幸福的均衡得到增强,你自己在任何情况下也绝不会那样做。

罗素:是的,我不会模仿疯狗的行为。我不会这样做的这个事实与这个问题完全无关。

科普尔斯顿:是的,但是如果你根据后果对是非作出功利主义的解释,那么人们可能就会认为,而且我想有些稍好一些的纳粹党人也会认为,虽然不得不那样做是可悲的,但是从长远看这种均衡会导致更大的幸福。我想你不会那样说,是吗?我认为你会说那种行为是错误的——完全无须顾及幸福的普遍均衡是否得到增强,这种行为本身就是错误的。再者,如果你准备这样说,那么我认为你必须有某种是非标准,不管怎么说,那是感情标准以外的标准。在我看来,那种承认最终会导致对于上帝身上的价值的终极理由的承认。

罗素：我想，也许我们正在陷入混乱。它不是关于我应该据以作出判断的行动的直接感情，而是关于结果的感情。而且我无法接受任何关于有些类型的行为，比如你正在讨论的那种行为，会产生好处的情况。我想象不出它们会产生有益的效果的那种情况。我认为有这种想法的人是在自己欺骗自己。但是如果有它们会产生有益的效果的那种情况，那么我虽然不是很情愿但也许不得不说："哎呀，我不喜欢这些事物，但是我会默认它们"，就像我默认刑法一样，尽管我对惩罚深感厌恶。

科普尔斯顿：喔，现在也许是我总结一下自己观点的时候了。我论证了两件事。首先，上帝的存在可以通过形而上学论证从哲学上得到证明；其次，只有上帝的存在才能使人的道德经验和宗教经验有意义。我个人认为，你的说明人的道德判断的方法会不可避免地导致你的理论所要求的东西与你自己自发的判断之间的矛盾。此外，你的理论为道德上的义务辩解，而辩解并不是说明。关于形而上学论证，我们显然一致认为，我们称之为世界的那个东西只是由偶然存在物所组成。也就是，只是由其中无一能说明其自身的存在的存在物所组成。你说事件的系列用不着说明；我说如果没有必然存在物，没有必须存在、不能不存在的存在物，那么也就什么都不存在。偶然存在物系列的无穷性，即便得到了证实，也是不相干的。某物确实存在；因此，必定有某个说明这一事实的事物，即在偶然存在物系列之外的存在物。如果你承认了这一点，那么我们当时本来可以讨论那个存在物是不是关乎人的、善良的，等等。

在是否有必然存在物这个我们所讨论的现实问题上,我想,我觉得自己的看法是同绝大多数古典哲学家一致的。

我想,你坚持认为:存在着的存在物就在那里,我没有理由提出解释它们的存在的问题。但是我要指出,这种看法不可能用逻辑分析来证实;它表达一种其本身需要证明的哲学。我认为我们陷入了僵局,因为我们的哲学思想是根本不同的;在我看来,至少在哲学是理性的这个范围内,我称之为哲学之一部分的东西,你似乎称之为哲学之全部。如果你能原谅我这样说,那么在我看来,除了你自己的逻辑体系之外——相对于陈旧的逻辑(一个带有倾向性的形容词),你把自己的逻辑体系称作"现代的"逻辑——你还坚持一种不可能用逻辑分析证实的哲学。上帝存在的问题毕竟是个存在判断的问题,而逻辑分析并不直接探讨存在的问题。所以在我看来,那样一种说法——即断言:一组问题中所包含的词语是没有意义的,因为在探讨另一组问题时并不需要它们——似乎从一开始就确定了哲学的性质和范围,而且那本身似乎是一个需要证明为正当的哲学行动。

罗素:那么,我也想说几句,作为我这一方的总结。首先,关于形而上学论证,我不承认像"偶然的"("contingent")这种词语的含义,或按科普尔斯顿神甫的意思来解释的可能性。我认为"偶然的"这个词必然会使人联想到某个事物的可能性,因为这个事物不会有你可能称之为"就在那里"(just being there)之偶然性(accidental character)的、而我认为除非在纯粹原因的意义上否则乃是不真实的东西。有时你会把某个事物的原因解释成是其他某个事物的结果，但那只是把一事物归因于另一事物，但是——照我看来——根本不存在按科普尔斯顿神甫的意思对任何事物的解释，把事物称作"偶然的"也没有任何意义，因为它们不可能是别的东西。关于那一点我应该说的就是这些，但是关于科普尔斯顿神甫指责我，说我认为逻辑是全部哲学——事实绝非如此——这一点，我也想说几句。我绝不认为逻辑是全部哲学。我认为逻辑是哲学的基本组成部分，而且逻辑必须被用在哲学中，在那一点上我认为我和他是一致的。当他使用的逻辑刚问世时——即在亚里士多德时代——围绕着它必定发生过许许多多争论；亚里士多德曾为这种逻辑作过大量争辩。现在它已变得陈旧而可敬，你不必为它作那么多的争辩。我所信奉的逻辑则比较新，所以我也得像亚里士多德那样为之作争辩；但是我绝不认为它是全部哲学——我并不认为如此。我认为它是哲学的一个重要部分，当我那样说时，我并未发现这个词或那个词的意义，那是建立在我从思考那个特殊的词中发现了的关于它的意义基础上的一种细节的立场。它不是认为所有用于形而上学的词都是毫无意义的那种总的立场，或者像我实际上并没持有的那种见解那样的立场。

关于道德论论证，我确实发现，当人们研究人类学或历史的时候，有人就认为做出我认为是可恶的行动是他们的职责，因此，我肯定不会把神的起源归因于道德上的义务的问题，科普尔斯顿神甫也不要求我这样做；但是我认为，甚至道德上的义务的形式，当它采取责令你把你的父亲或诸如此类的东西吃掉的那种形式时,在我看来似乎也并不是那种非常美好和高尚的东西;因此,我不能把神的起源归因于道德上的义务的这种观念,我认为用完全不同的方法很容易解释这种观念。

十三、宗教能医治我们的毛病吗？[①]

一

人类处于致命的危险中，而且像过去一样，现在恐惧正在使人们寻求上帝的庇护。整个西方存在着非常普遍的宗教复兴。纳粹分子和共产党人取缔了基督教，做了我们强烈反对的事情。人们很容易得出这样的结论：希特勒和苏联政府对基督教的否定摒弃，至少在某种程度上是我们出毛病的原因；如果世界回到基督教，我们的国际问题就会迎刃而解。我相信这完全是恐怖造成的错觉。我认为这是一种危险的错觉，因为它把其思考不然可能会有成效的人引入歧途，因此妨碍有效地解决问题。

这里涉及的问题不仅关系到世界的现状。它是一个普遍得多的问题，而且也是一个争论了许多世纪的问题。这个问题就是：如果各个社会没有教条主义宗教的帮助，它们能否实践起码的道德？我本人认为，道德远非像宗教徒相信的那样紧紧地依靠宗教。我甚至认为，有些非常重要的美德在拒斥宗教教条的人中间可能要

---

① 这篇论文的两个部分最初作为两篇文章发表在1954年11月9日和11日的斯德哥尔摩报纸《每日新闻》上。

比在接受宗教教条的人中间更多。我认为这尤其适用于诚实和理智上的正直的美德。我说的理智上的正直,指的是根据证据解决争论不休的问题,或证据不足就不作决定的习惯。虽然任何教条体系的拥护者几乎全部低估这种美德,但是在我看来,它具有最大的社会重要性,而且可能远比基督教或其他任何有组织的信仰体系更能造福世界。

让我们考虑一下道德规则是怎样被人们接受的。道德规则大体上有两类:有的只是以宗教信条为根据;有的显然是以社会功利为根据。在希腊正教会中,同一个孩子的教父和教母不得结婚。显然,就这条规则来说,只有神学根据;如果你认为这条规则重要,那么你说下面这句话将是很正确的:应当反对宗教的衰落,因为它会导致人们违反这条规则。但是有争议的并不是这类道德规则。有争议的是那些不依赖于神学而有社会方面正当理由的道德规则。

让我们以偷盗为例。在一个人人都偷盗的社会里,人人都不方便;而如果生活在一个偷盗几乎绝迹的社会里,显然大多数人都可以更多地过他们向往的那种生活。但要是没有法律、道德和宗教,就会产生一个难题:对于每个人来说,理想的社会是其他人全都诚实而唯他独自行窃的社会。由此可以推断出:如果个人利益要同社会利益协调一致,那就必须要有一种社会制度和社会机构。刑法和警察对此或多或少有些成效。但是罪犯并不总是能被抓获的,而且警察可能会对强悍的罪犯过于宽大。如果能够使人们相信存在着一位会惩罚偷盗的上帝,那么即使警察不能发挥作用,这种信仰似乎也有可能促使人们诚实。假如人们已经信仰上帝,那么他们就会毫不犹豫地相信上帝禁止了偷盗。拿伯葡萄园的故事说明了宗教在这方面的效用,在这个故事中窃贼是国王,他是不受尘世法律的约束的。①

我不会否认,在从前半文明的社会中,这样的考虑可能有助于促成合乎社会需要的行为。但是现如今,把神学的起源归因于道德所可能产生的那种善良同如此严重的邪恶结下了不解之缘,以至善良同邪恶相比,相形见绌,微不足道。随着文明的向前发展,世俗的制裁变得更加稳固,神的制裁变得更加不可靠。人们觉得越来越有理由认为,他们如若偷盗,就会被抓获;并且越来越没有理由认为,如果他们没被抓获,上帝仍然会惩罚他们。其至连高度信仰宗教的人现今几乎也不会相信偷东西会下地狱。他们经深思后认为自己能及时悔改,而且无论如何,地狱既不像过去那样确定,也不像过去那样炽热。在文明的社会中,大多数人都不偷盗,我认为通常的原因是,很可能会在此生人世间受到惩罚。这一点为下面这个事实所证实:淘金热期间在矿工村中,或者在那样混乱的任何社会中,确实几乎人人都偷盗。

但是你可能会说,虽然现在不再很需要靠神学来禁止偷盗,但这样做毕竟没有害处,因为我们都希望人们不要偷盗。可是,毛病就在于一旦人们倾向于怀疑被普遍接受的神学,有人就会开始用可恶且有害的手段来维护那种神学。如果有人认为美德需要某种神学,而公正的探究者却看不出有什么理由可以认为这种神学是真实的,那么当局就会着手阻止公正的探究。在过去的若干世纪里,他们阻止公正的探究的方法是把探究者烧死在火刑柱上。在

---

① 见《圣经·列王纪上》第二十一章。——译者

俄国，他们还在使用比这好不了多少的方法；但是在西方国家，当局已经使比较温和的说服方式有所完善。其中，学校也许是最重要的：一定不能让青年人听到有利于当局反感的意见的论点，而那些仍然坚持显示探究意向的人会遭到社会的白眼，而且如有可能，还会使他们感到在道德上应受谴责。这样，任何有神学根据的道德体系就成了一种掌权者用以维护他们的权威和削弱青年人的智力的工具。

我发现，现在有许多人对真实性漠不关心，我不得不认为这是极其危险的。例如，当人们为基督教作辩护论证时，他们不是像托马斯·阿奎那那样摆出理由，说明为什么认为存在上帝，为什么认为上帝在《圣经》中表达了他的意愿。他们而是论证说，如果人们这样认为，那么他们的行为就会比不这样认为时善良。因此我们不应该——这些人也认为我们不应该——由着自己思忖上帝是否存在的问题。如果一不留神而产生了疑惑，那么我们就应该使劲把它压下去。如果公正的思想会引起疑惑，那么我们就应该避开公正的思想。如果正统观念的官方解说者告诉你说娶你亡妻的妹妹为妻是邪恶的，那么你就应该相信他们，免得道德败坏。如果他们告诉你说节育是罪孽，那么你就应该接受他们的意见，尽管你可能清楚不节育肯定会造成灾难。一旦人们认为任何信仰（不管什么）之所以重要不是因为其是真实的而是因为其他某个原因，就很容易出现大量的邪恶。我在前面已经说过的那种阻止探究的做法，是这些邪恶中的首恶，但是其他邪恶肯定会接踵而来。当权者的职位总是向正统派开放。如果他们对被普遍接受的看法产生怀疑，历史记录肯定会被篡改。非正统观念迟早会被认为是一种犯罪而被处以火刑、受到清洗或关进集中营。我可以尊重那些论证宗教是真实的因而应当信仰宗教的人,但是我只能认为对于那些说之所以应当信仰宗教是因为它是有用的,说询问宗教是否真实是浪费时间的人道义上的谴责则是意义深远的。

基督教的辩护士习惯于把共产主义看作是与基督教迥然不同的东西,拿共产主义的祸害同基督教国家享受的那种被人信以为真的幸福作比较。我看这是极其错误的。共产主义的祸害与宗教信仰时代存在于基督教的那些祸害是一样的。"格伯乌"[①]与宗教裁判所只是在量上有所不同。"格伯乌"的残忍行为同后者如出一辙,它给俄国人的理智生活和道德生活所造成的危害与宗教裁判所的审判官每当他们占上风时所造成的危害毫无二致。共产党人篡改历史,文艺复兴以前的教会也干过同样的事情。如果说现在的教会不像苏联政府那么坏,那得归功于曾经攻击过教会的那些人的影响:从特兰托会议至今,不管它有些什么样的改进,都是由它的敌人促成的。有许多人反对苏联政府,因为他们不喜欢共产主义的经济学说,然而这却是克里姆林宫与早期基督教徒、方济各会修士、大多数中世纪基督教的异教徒所共有的。共产主义的学说也并不是只限于异教徒才会有的:正统的殉道者托马斯·莫尔爵士就把基督教说成是共产主义的,还说这是基督教向乌托邦主义者推荐的唯一方面。能有充分理由被认为是危险的不是苏维埃学说本身,而是看待这一学说的方式。这个学说被看作是神圣不

---

① "格伯乌"(Ogpu)是1923年至1934年间苏联国家政治保卫局的简称(首字母缩合)。——译者

158 可侵犯的真理,怀疑它就是犯罪,应该受到最严厉的惩罚。共产党人像基督教徒一样,相信自己的学说对于救世是必不可少的,对他来说,正是这种信念才使救世成为可能。使基督教与共产主义互不相容的正是它们之间的相似点。当两个科学家见解不一时,他们不是乞灵于世俗的权力,而是等待进一步的证据来解决争端,因为他们作为科学家,知道他们两人都有可能犯错误。但是当两个神学家意见相左时,因为没有双方都能诉诸的标准,所以除了相互仇恨和或明或暗地诉诸武力之外,对此便别无他法。我要承认,现在基督教的危害比过去小了;不过这是因为现在人们已不那么热衷于信仰基督教了。也许,总有一天,共产主义也会发生同样的变化;如果真的发生了同样的变化,那么,那种信念就会失去许多现在使它令人生厌的东西。但是如果基督教对于美德和社会稳定是必不可少的这种观点在西方流行起来,基督教就会再度染上它在中世纪曾有过的那些恶习;并且在变得越来越像共产主义的同时,也将变得越来越难与共产主义言归于好。沿着这条路走下去,不可能把世界从灾难中解救出来。

二

在我的第一篇文章中,我谈到了由任何不是以真实为理由,而是以社会效用为理由提出来要求人们接受的教条体系所产生的邪恶。我不得不说的那番话同样适用于基督教、共产主义、伊斯兰教、佛教、印度教以及一切神学体系,除非它们依靠提出科学家所提出的那种普遍的诉求的理由。然而,却存在着因基督教的那些被人信以为真的特殊优点而被提出来支持它的一些特殊论点。剑桥大学的近代史教授赫伯特·巴特菲尔德雄辩而又卖弄学问地提出了这些论点,[①]因而我将把他当作是持有他所坚持的那种看法的那个庞大群体的代言人。

巴特菲尔德教授试图用使他看起来比实际上更虚心豁达的让步获得某种争论上的优势。他承认,基督教会曾依仗过迫害,而且就这种做法已被放弃而言,导致它放弃这种做法的是来自外部的压力。他承认,目前俄国与西方之间的紧张局势是强权政治的结果,即使俄国政府当初继续追随希腊正教会,这种紧张局势也是可以预料得到的。他承认,有些自由思想家表现出了他以为是基督教徒所特有的一些美德,而在许多基督教徒的行为中却没有这些美德。但是,尽管他作了这些让步,他仍然认为世界正在遭受的这些灾祸要靠遵守基督教教义才能消除;他不仅把信仰上帝和永生,而且还把信仰道成肉身列入必要的最低限度的基督教教义之中。他强调基督教与某些历史事件的联系,而且他凭着如果与他所信的宗教无关则肯定不能使他确信的证据,把这些事件看作是历史性的。我认为,童贞女之子的证据不是那种能使不带偏见的探究者确信的证据,如果它出现在他司空见惯的神学信念范围之外的话。在异教神学里有无数这样的故事,但谁也没有想认真对待它们。但是,巴特菲尔德教授尽管是个历史学家,只要一牵涉到基督教的起源,却好像对历史真实性问题毫无兴趣。他的论证,剥除了他的温文尔雅和骗人的宽宏大量的外貌以后,可以不加掩饰而又

[①] 《基督教与历史》(*Christianity and History*)(伦敦,1950)。

准确地表述如下:"基督是否真的由童贞女马利亚受圣灵感孕而生,这是不值得探究的,因为不管事实是不是这样,相信这是实情就为我们逃避当前世界的纷扰提供了最美好的希望。"巴特菲尔德教授的著作中根本没有试图证明基督教教义的真实性的一丁点儿迹象。在他的著作中只有相信基督教教义是有用的这种实用主义的论证。在巴特菲尔德教授的论点中有许多步骤说得不像人们所希望的那样明晰和精确,恐怕原因就是明晰和精确会使它们变得令人难以置信。我认为,这个论点剔除了无关紧要的东西以后如下:如果人们爱自己的邻居,那当然是件好事,但他们不大想这样做;基督说他们应当这样做,而且,如果他们相信基督就是上帝,那么,他们就会比如果他们不相信基督就是上帝更有可能在这一点上听从基督的教导;因此,希望人们爱他们邻居的人就会设法劝他们相信基督就是上帝。

反对这种论证的异议多得无从说起。首先,巴特菲尔德教授以及所有像他一样思考问题的人都相信爱你的邻居是件好事,他们持这种观点的理由不是源出于基督的教导。相反,是因为他们已经持这种观点,他们才把基督的教导看作是他的神性的证据。也就是说,他们没有以神学为基础的伦理观,却有以他们的伦理观为基础的神学。但是,他们显然认为,使他们认为爱你的邻居是件好事的非神学根据不可能产生广泛的吸引力,所以,他们着手虚构他们希望更有效力的其他论证。这是非常危险的一招。过去许多新教徒都认为,不守安息日和凶杀一样邪恶。如果你使他们相信不守安息日并不是邪恶的,那么他们就会推断凶杀也不是邪恶的。每一种神学的伦理观在某种程度上都是那种能够得到合理辩护的伦理观，而且在某种程度上都只不过是迷信的禁忌的体现。能够得到合理辩护的部分就应该得到这样的辩护，因为不然的话，发现其他部分不合理的那些人可能会鲁莽地拒斥整体。

但是实际上基督教代表了比其竞争者和敌对者的更好的道德吗？我搞不懂，一个老老实实地研究历史的人怎么会坚持认为事实就是如此。基督教有别于其他宗教的是更动辄施加迫害。佛教从来就不是迫害人的宗教。哈里发帝国对待犹太教徒和基督教徒比基督教国家对待犹太教徒和伊斯兰教徒要仁慈得多。只要犹太教徒和基督教徒纳贡，它就让他们安居乐业。从罗马帝国变成基督教国家的时候起，基督教就宣传反犹太主义。十字军的宗教炽情导致了西欧的大屠杀。不公正地指控德雷富斯①的是基督教徒，而使德雷富斯最终恢复名誉的却是自由思想家。在近代，基督教徒不但在犹太教徒成为牺牲品时为恶劣行径辩护，而且还在其他方面为恶劣行径辩护。教会曾掩饰刚果利奥波德国王政府的恶劣行径，或将其大事化小，这一恶劣行径只是由于一场主要由自由思想家实施的骚动而终止。基督教有令人向上的道德影响这一整套说法，只有靠完全不顾或窜改历史证据才能维持。

通常的回答是：做了让我们痛心的事的那些基督教徒，在他们没有遵循基督的教导这个意义上，并不是真正的基督教徒。人们当然也可能会同样振振有词地说，苏联政府不是由真正的马克思主义者组成的，因为马克思教导说斯拉夫人比德意志人低劣，而克

---

① 德雷富斯（Alfred Dreyfus，1859—1935），法国军官，著名的德雷富斯事件的当事人。他曾受反犹太主义者迫害，1894 年被诬下狱，后来得到许多知名人士声援，于 1899 年和 1904 年两次复审，最终于 1906 年得到平反昭雪。——译者

里姆林宫却不接受这一学说,追随导师的人总是在某些方面背离导师的学说。立志要创建教会的那些人应当记住这一点。每个教会都发展自卫本能,并且极度轻视教会创建者的学说中无助于那一目的的那些部分。但是不管怎样,现代辩护士称之为"真正"基督教的是某种依赖于选择性很强的方法的东西。它无视《福音书》中所记载的许多内容:例如,绵羊与山羊的比喻,以及邪恶者会在地狱之火中永远遭受折磨的教义。它从《山上宝训》中摘录某些段落,然而甚至对于这些段落,在实践中它也常常加以拒斥。例如,它把不抵抗的教义只留给像甘地那样的非基督教徒去实践。它特别赞成的那些戒律被认为是体现一种如此崇高的道德,以至于它们必须有神圣的来源。但是,巴特菲尔德教授应当知道,这些戒律均出自基督时代以前的犹太教徒之口。例如,人们可以在希勒尔的训诲和《十二族长遗言》中看到这些戒律;关于这一点,这方面的首席权威、博士R.H.查尔斯牧师说:"《山上宝训》中有一些例子反映了这种精神,《山上宝训》甚至原封不动地搬用我们经文中的词句;《福音书》中许多段落也表现出同样的迹象,圣保罗好像把这本书当作便览来查用。"查尔斯博士有这样一种看法:基督必定熟悉这部著作。如果,像我们有时听说的那样,伦理训诲的崇高性就证明其作者的神性,那么,必定具有神性的是撰写这些遗言的那位不知名的作者。

世界处于混乱状态,那是不可否认的,但是从历史上看,没有丝毫理由可以认为基督教提出了摆脱困境的方法。我们的毛病是由第一次世界大战造成的,共产党人和纳粹分子就是这次战争的产物,这是希腊悲剧式的残酷无情的事实。第一次世界大战完全起因于基督教。三个皇帝都很虔诚,更加好战的英国内阁也很虔诚。在德国和俄国,反战来自社会主义者,他们是反基督教的;在法国,反战来自饶勒斯①,暗杀他的凶手受到诚挚的基督教徒的称赞;在英国,反战来自一位著名的无神论者约翰·莫利②。共产主义最危险的特点使人联想起中世纪的教会。构成这些特点的是:狂热地接受在一本圣典中表述的学说,不愿批判地审查这些学说,以及残酷迫害拒绝接受这些学说的人。我们不应当靠在西方复活狂热盲从去寻求圆满的结果。这种复活如果出现,只能意味着共产主义政权可恨的特点已经遍及全球。世界需要的是公道、宽容,以及实现人类大家庭中各成员之间的相互依存。这种相互依存由于现代的创造发明而大大增强了,赞成对邻居应当采取友善态度的那种纯粹世俗的论点,比以往任何时候都强有力得多。我们应当指望的是这种因素,而不是返回到蒙昧主义的神话。有人可能会说,才智使我们添了毛病;但是能医治我们毛病的却不是无知。只有更高超、更聪慧的才智才能创造一个更加幸福的世界。

---

① 饶勒斯(Jean Jaurès,1859—1914),1914 年以前法国社会主义运动的主要领导人。他因反对战争,于 1914 年 7 月 31 日被一个狂热分子暗杀。——译者

② 约翰·莫利(John Morley,1838—1923),英国政治家、作家。他认为,第一次世界大战对于"人类进步是一次令人伤心的挫折",于是同伯恩斯(John Burns)一道辞去了内阁的职务。——译者

十四、宗教与道德[①]

许多人告诉我们说,人如果不信仰上帝,就既不可能幸福,也不可能有美德。说到美德,我只能根据观察而不能根据个人经验说话。关于幸福,无论是经验还是观察都未曾致使我认为,在一般情况下,有信仰的人比没有信仰的人更幸福,或更不幸福。人们通常喜欢为不幸福寻找"堂皇的"理由,因为一个人能把自己的苦难归因于缺乏信念,要比不得不把它归因于肝脏,更容易感到自豪。至于道德,很大程度上取决于如何理解这个词。就我来说,我认为重要的美德是仁慈和才智。任何信条,不管什么,均有碍才智;对罪与罚的信仰(顺便说一下,这是苏联政府从正统基督教那里承袭来的唯一信仰)抑制仁慈。

传统道德以各种各样实际的方式干预对于社会来说是有利的事情。预防性病就是其中之一。限制人口则更重要。医学的进步使这件事情比以往任何时候都重要得多了。如果仍然像一百年前的英国那样多育的国家和民族不改变它们在这方面的习惯,那么人类的前景便只有战争和贫困。这已为每一个聪明的学生所知晓,但是神学教条主义者对此却不承认。

---

① 写于 1952 年。

我相信教条主义信仰的衰败有利无害。同时我还承认,新教条体系,比如纳粹分子和共产党人的那些教条体系,甚至比老教条体系更有害,不过,如果正统的教条习惯不曾在人们青年时期灌输给他们的话,新教条体系是绝不可能控制他们的思想的。斯大林的语言风格很容易使人联想起他曾在其中接受训练的那所神学院。世界所需要的不是教条,而是科学探究的态度,再加上相信,对千百万人施加折磨是不可取的,不管这种折磨是斯大林施加的,还是依照信仰者的相貌虚构出来的神造成的。

附　录

伯特兰·罗素是如何被阻止在纽约市立学院任教的①

一

莫里斯·拉斐尔·科恩和哈里·奥弗斯特里特这两位正教授退休后，纽约市立学院哲学系成员和学院行政当局，同意物色一位著名哲学家填补其中的一个空缺职位。哲学系提议给伯特兰·罗素发聘书，那时他正在加利福尼亚大学执教。对这一提议，全院教职工、代理院长、高等教育理事会管理委员会，最后是理事会本身，都极感兴趣地表示赞同，这一级别的任命都要理事会审批。市立学院以前还从未聘请过这样声誉卓著的教授。理事会二十二名理事中有十九名出席会议讨论该项任命，并以十九票赞成全票通过。当伯特兰·罗素接受聘请的时候，理事会会长奥德韦·蒂德给他发出以下信件：

---

①　在我写这篇报道的过程中，霍勒斯·M.卡伦教授和已故的约翰·杜威编的那本优秀图书《伯特兰·罗素事件》（维京出版社，1941）给了我很大帮助。我特别受惠于卡伦、杜威和科恩的文章。

"亲爱的罗素教授：

"我非常荣幸地利用此机会通知阁下：根据高等教育理事会1940年2月26日会议所作的决定，任命您担任市立学院1941年2月1日至1942年6月30日期间的哲学教授。

"我知道，您接受这一任命会给系和学院的名誉和成就增添光彩，会加深和扩大学院对人类生活的哲学基础的兴趣。"

代理院长米德同时向新闻界发表声明，大意是说学院能聘到像罗素勋爵这样世界著名学者，那是少有的幸运。这是1940年2月24日的事。

考虑到后来的事态发展，必须强调两个事实。伯特兰·罗素是教授下列三门课程，并不教授其他课程：

> 哲学13：逻辑的现代概念及其与科学、数学和哲学的关系的研究。
> 哲学24B：数学基础问题研究。
> 哲学27：理论科学与应用科学的关系及形而上学与科学理论的相互影响。

此外，在任命伯特兰·罗素的时候，在市立学院只有男生能听文科课目的白天课程。

二

当罗素的任命公布后,美国圣公会的曼宁主教写信给纽约市所有的报纸,谴责理事会的这一决定。他写道:"有些大专院校在我们的青年面前把一个被公认为反宗教、反道德的宣传家,并且专门为通奸辩护……的人抬出来,当作一位有责任感的哲学教师。关于它们,我们该说些什么呢?……任何一个关心我们国家幸福的人能愿意目睹这种教导在我们高等院校的怂恿下广为传播吗?"几天后,这位主教又发起攻击,说:"有那么一些人,他们在道德上和精神上被人搞得如此糊涂,以至于他们在任命……一个发表文章说'在人类欲望之外不存在任何道德标准'的人这件事中,看不出有什么错误。"顺便应该说一下:如果按照曼宁主教的意思,拒斥各种形式的伦理相对主义是担任哲学教师的必要条件,那么,半数或半数以上的哲学教师都得被立即辞退。

主教的信是发动一场从杰斐逊和托马斯·潘恩时代以来在美国历史上前所未有的诬蔑和恐吓运动的信号。教会刊物、赫斯特报系、几乎所有的民主党政客,全都加入了这场诽谤大合唱。《简报》说,罗素的任命是"对老纽约人和所有真正的美国人的一个野蛮的、侮辱性的打击"。为了要求撤销任命,它发表社论把罗素描绘成一个"信奉异教的教授",是"大不列颠的哲学无政府主义者和道德虚无主义者……他为通奸的辩护使人非常反感,据说连他的一个'朋友'都揍了他一顿"。耶稣会的《美洲》周刊的行文甚至更加优雅。它把罗素说成是"一位干瘪的、离过婚的、颓废的性乱提倡者……。他现在正在加利福尼亚大学向学生们传授他的关于性、胡乱恋爱、无常婚姻方面放荡生活之自由主义规则……。这个正在堕落的人……他已出卖了自己的'精神'和'良心'。……这个道德败坏、敌视宗教的教授……正派的英国人对他采取冷淡疏远的态度"。这些期刊的编辑收到的信件甚至更加猖狂。一位记者在《简报》上说,如果高等教育理事会不撤销这个决定,那么"流沙将临！蛇隐草中！蠕虫在脑子中作祟！如果伯特兰·罗素甚至和他自己都开诚相见的话,他就会像卢梭那样宣称:'我检查自己的每一本著作都会不寒而栗；我不是在施教,而是在腐蚀；我不是在培育,而是在毒害。但是激情使我迷乱,尽管我说得冠冕堂皇,我只是个无赖'。"这封信是发给拉瓜迪亚市长的一份电报。这位记者在该信中继续写道:"我恳求阁下保护我们的青年免受写匿名诽谤信的他——一个天才的无尾猿,魔鬼派往人间的使者——的恶劣影响。"

同时,理事会理事、美国圣公会重要平信徒查尔斯·H.塔特尔宣布说,他会在3月18日召开的下一次理事会议上提议重新审议这项任命。塔特尔解释说,在任命时他不了解罗素的观点。他当初要是了解的话,就会投票反对了。离开会只有几天了,这时狂热的宗教徒们想尽一切办法恐吓理事会理事,并扩充罗素的罪行录。美国青年联盟的温菲尔德·德马雷斯特说:"我们的团体不赞成罗素关于学校宿舍男女生混居的意见。"赫斯特报系的《美国人日报》一面要求对高等教育理事会进行调查,一面硬说罗素赞成"妇女国有化……非婚生育……把孩子培养成不信神的国家的马前卒"。它还使用断章取义地引用多年前所写的著作的方法,把罗素说成是共产主义的拥护者。尽管众所周知，罗素是反苏联共产主义的，但那些狂热的宗教徒从那时起一直称他是"亲共产主义者"。在这场仇恨运动的所有特点中也许没有比这种处心积虑的歪曲更丑陋的了。

每天都有许多以关心教育闻名的组织（例如，沙勿略子弟会、美国天主教中央联盟纽约分会、爱尔兰人古会、哥伦布骑士团、天主教律师协会、贞德圣名会、都市浸礼会教派牧师会议、新英格兰妇女会中西部联合会、帝国州美国革命子弟会）通过提议，要求解除罗素的教职，而且通常还要求罢免那些投票赞成任命罗素的理事会理事。报纸上报道了这些提议以及知名教士意味深长的演说，他们的攻击越来越围绕两项指控展开——罗素是外侨，所以依照法律不能在学院任教；他的关于性的观点确实以某种方式忝恩犯罪。纽约州伊索珀斯的至圣教主会神学院的神圣雄辩术教授约翰·舒尔茨牧师大人问道："为什么不让联邦调查局的人追查你们的高等教育理事会？"这位知名学者接着说："有人教导这个城市的年轻人说，不存在说谎这样的事情。有人教导他们说，偷盗是有道理的，抢劫和掠夺也是有道理的。像洛布和利奥波德在芝加哥大学受到的教育那样，有人也教导他们说，惨无人道的罪行是有道理的。"不用说，所有这些可怕的事情都与任命伯特兰·罗素——"自由性爱、青年性乱、憎恨父母的策划者"——有密切的关系。好像那还不够糟糕，另外一位演说者还把罗素和"血泊"联系起来。弗朗西斯·W.沃尔什阁下在纽约警察局的圣名会一年一度的共进早餐仪式上发表演说时，使聚集在那里的警察回想起了他们有时发现三角形的一角浸在血泊中，从而领悟了所谓"三角婚姻"的全部含义。他接着说："因此我敢说，你们会同我一道要求：任何教授,如果他犯有这样的错误,即他传授或著述的观念使得上演这些悲剧的舞台成倍地增加,那么他就不应该在这个城市中得到支持,不应该获得纳税人的资助……"

在拉瓜迪亚市长刻意保持缄默的时候,坦慕尼协会的许多政客就开始行动了。纽约州第一副检察官、沙勿略子弟会会长(现为麦戈伊法官)约翰·F.X.麦戈伊,充分解释了他们关于学术自由的概念,他反对用纳税人的钱"雇人传授否定上帝,蔑视礼仪,完全与我们国家、政府和人民的基本宗教性质唱反调的人生哲学"。3月15日,也就是理事会重新召开会议的前三天,布朗克斯区区长、审讯官的一门大炮詹姆斯·J.莱昂斯,在市参议会提出一项动议,呼吁理事会撤销罗素的任命。这项动议以16票对5票获得通过。共和党人斯坦利·艾萨克斯为伯特兰·罗素和高等教育理事会作有力的辩护,这应该记录下来,作为他的勇敢和无视暴民情绪的永久证明。莱昂斯不但提出他的决议案,而且还宣布在下一次讨论预算时,他要提议"删去规定为这个危险的任命进行补偿的条款"。可是,与昆斯区区长乔治·V.哈维相比,布朗克斯区区长莱昂斯还是温和宽厚的,他在一次群众大会上宣布:如果不解除罗素的教职,他就要提议撤销市属大学整个1941年度750万美元的维修费拨款。他说,如果按照他的办法,"大学要么是敬神的大学、美国的大学,要么就关门大吉"。其他一些著名且有威严的演讲者也在这个抗议会上发言。市参议会议员查尔斯·E.基根骂罗素是"狗",他说:"如果我们有尚可的移民制度,就可把那个无业游民拒于千里之外"。但是,由于他已登上了美国土地,纽约县户籍登记员玛莎·伯恩斯小姐就告诉听众用什么办法对待那条"狗"。她大声说道,应该把罗素"涂上柏油,粘上羽毛,驱逐出国境"。我想,这就是演讲者所说的"敬神的"、"美国的"方式。

三

如果说狂热者在地方政治事务中是很有势力的话,那么支持学术研究独立自主的人在全国所有主要的大专院校中也是很有势力的。许多学院院长都为罗素辩护,其中有布鲁克林的吉迪恩斯、芝加哥(前一年罗素曾在那里任教)的哈钦斯、北卡罗来纳的格雷厄姆(他后来成为美国参议院议员)、史密斯的尼尔森、安蒂奥克的亚历山大,以及当时罗素正在"向学生们传授他的关于性和胡乱恋爱方面放荡生活之自由主义规则"的加利福尼亚大学的斯普劳尔。各学会的现任和前任会长——ΦBK 联谊会①的尼科尔森、美国数学学会的柯里、美国社会学学会的汉基斯、美国历史学会的比尔德、美国哲学学会的杜凯斯、美国大学教授协会的希姆斯特德以及其他许多人——也联手为罗素辩护。17 位全国最著名的学者(其中有康奈尔大学的贝克尔、约翰斯·霍普金斯大学的洛夫乔伊,以及哈佛大学的坎农、肯布尔、佩里和施莱辛格)向拉瓜迪亚市长递送了一封信件,抗议"对世界著名哲学家伯特兰·罗素的任命进行有组织的围攻……"。这封信接着说:如果围攻得逞,"美国的大专院校就都不能幸免于受自由探究的敌人的宗教裁判所式的控制……。对于任何地方的学生来说,能受到智力像伯特兰·罗素那样高的

---

① 美国大学优秀生和毕业生的荣誉组织,成立于 1776 年。——译者

人的指导,是不可多得的荣幸……。批评他的人,应该同他在公开且公正的知识探讨和科学分析领域里较量。他们没有权利用阻止他任教的方法来钳制他的言论……。这是个根本性的问题,不可能通过互让得到解决而不危害美国大学赖以生存的整个理智自由的结构。"怀特海、杜威、沙普利、卡斯纳、爱因斯坦——所有全国最杰出的哲学家和科学家都公开表明自己支持罗素的任命。爱因斯坦说:"伟大人物总是遭到庸人的强烈反对。当一个人并不轻率地顺从沿袭的偏见,而是诚实地、无所畏惧地运用他的聪明才智时,庸人是不可能理解的。"

对罗素的支持绝不局限于学术界。罗素的任命和行使任命权的机构的独立性,当然得到了美国公民自由联盟和文化自由委员会的赞同,当时委员会的会长是悉尼·胡克。所有比较开明的宗教团体的主要发言人也都站在罗素一边,其中包括乔纳·B.怀斯拉比、哈佛大学神学院的 J.S.比克斯勒教授、全国宗教和教育理事会理事 E.S.布赖特曼教授、哥伦比亚大学新教徒学生辅导员罗伯特·G.安德勒斯牧师、约翰·海恩斯·霍姆斯牧师,以及对曼宁主教代表美国圣公会的发言权提出质疑的盖伊·埃默里·希普利牧师。九大出版商,包括蓝登书屋的贝内特·瑟夫、哈珀出版公司的卡斯·坎菲尔德、艾尔弗雷德·A.克诺夫、哈考特·布雷斯出版公司的唐纳德·布雷斯,发表声明,称赞选择罗素这个行动"是只会给高等教育理事会带来最高荣誉的行动"。说到罗素"哲学上的辉煌成就"和他"作为教育家的高尚品质"时,这些出版商断言:"纽约市的学生不能从他的任命中获益,那将是一件遗憾的事情"。他们接着说,作为出版商,"我们不必对我们出版的那些书籍的作者所表达的所有观点都亲自表示赞同,但是我们欢迎才智出众的人加入我们的作者队伍,尤其是在当前世界许多地区暴力和无知已经大大压倒了理性和才智的时候。我们认为,一有机会就尊重理智的优越性,这一点现在比以往任何时候都更加重要。"《出版者周刊》和《纽约先驱论坛报》都以社论的形式,而且多萝西·汤普森也在她的《记录》专栏中,表达类似的看法。她写道:"罗素勋爵不是不道德的人。认识他的人都知道,他是个具有最完美健全的理智且为人正直的人。"

在市立学院本身,师生都因为教会和政府对学院事务的干预而感到非常愤慨。在大会堂举行的一次群众大会上,莫里斯·拉斐尔·科恩教授把罗素的境遇比作苏格拉底的境遇。他说,如果撤销罗素的任命,"我们城市的美名就会被玷污,就像雅典因为谴责苏格拉底腐蚀雅典青年或田纳西因为裁决斯科普斯讲授进化论有罪而遭玷污一样"。就在这次大会上,著名哲学史家小赫尔曼·兰德尔教授(他本人是个宗教徒)谴责教士反对任命罗素的行动是"十足的厚颜无耻"和"下流的无礼举动"。纽约市立学院三百名教职员工联名写信祝贺高等教育理事会的这一值得高度赞赏的任命。市立学院的学生家长也没有对让他们的子女受"自由性爱的策划者"腐蚀性影响的前景感到十分担心。尽管反对罗素的人大多夸示自己是"被激怒的家长"的代言人,市立学院家长联合会仍一致投票拥护理事会的决定。

四

在狂热分子的一片鼓噪和威胁声中,理事会的有些理事惊慌失措。但是，在3月18日的会议上，大多数理事仍然忠于自己的信念，因此这项有争议的任命还是以11票对7票得到确认。反对派预料到了这次失败，准备好在各条战线上采取行动。阻挠罗素在市立学院的任命到目前为止已经失败，他们又试图不让他在哈佛大学任教。哈佛大学曾邀请罗素执教1940年秋季学期的威廉·詹姆斯讲座。3月24日，波士顿市的"立法代理人"托马斯·多根写信给詹姆斯·B.科南特校长："你知道罗素鼓吹试婚，主张放松对道德品行的约束。请注意，雇用这个人是对马萨诸塞州中的每个美国公民的侮辱。"

同时，有人要求纽约州立法机关吁请高等教育理事会撤销罗素的任命。曼哈顿的民主党参议员费尔普斯·费尔普斯提出一项决议案，要立法机关记录在案："不宜用纳税人的钱让一个鼓吹禽兽道德的人在我们州的教育系统中担任重要职务"。这项决议案被通过了，而且就我所知，没有一个人出来反对。

这项决议案是更激烈的行动的前奏。高等教育理事会的11位理事非常固执，他们公然违抗僧侣统治集团的命令。持异端者必须受到惩罚。一定要让他们明白在纽约州究竟是谁在行使真正的权力。少数派领袖、参议员约翰·F.达尼根根据曼宁主教和福特汉大学坎农校长的声明形成看法，告诉参议院说，罗素的哲学"败坏宗教、政府和家庭关系"。他抱怨"现在控制着纽约市学校系统的那些人的无神论的唯物主义理论"。这位参议员争辩说，理事会"不管公众的强烈反对，坚持任命罗素"的态度，"是这个立法机关关注的问题"。他要求对纽约市的教育系统进行彻底的调查，并明确指出这种调查主要是针对高等教育理事会所属各院校的。参议员达尼根的决议案只是稍经修改便被通过。

但是,这些只是小冲突。最大的花招是在纽约市内实施的。布鲁克林的一位以前并没有因为对社会问题的兴趣而闻名的琼·凯夫人,以纳税人的身份向纽约州最高法院提起诉讼,以罗素是外侨和鼓吹伤风败俗的性行为为理由,要求撤销罗素的任命。她说她担心,如果她的女儿格洛丽亚成为伯特兰·罗素的学生会发生什么事情。格洛丽亚·凯不可能在市立学院成为罗素的学生这个事实,显然被认为无关紧要的。后来凯夫人的代理人们又提出反对任命伯特兰·罗素的两条理由。一条是他没有经过竞聘考试,另一条是"任命任何信仰无神论的人为教师都是违背公共政策的"。

代表凯夫人的律师名叫约瑟夫·戈尔茨坦,他在坦慕尼协会中的地位超过拉瓜迪亚,曾当过市长。戈尔茨坦在他的辩护状中把罗素的著作说成是"好色的、淫荡的、贪欲的、纵欲的、色情狂的、激发性欲的、不虔诚的、偏执的、虚伪的和丧失道德品质的"。但是,这还不是全部。按照戈尔茨坦的说法,"罗素在英国领导过一个裸体营。他的子女曾一丝不挂地展示自己。他和他的妻子曾赤身裸体地招摇过市。这个人现年大约七十岁,曾酷爱色情诗。罗素对同性恋睁一只眼闭一只眼。我可以进一步说,他赞成同性恋。"但是,甚至这还不是全部。戈尔茨坦大概把余暇都用来研究哲学了,结果对罗素的著作作了个质量评断。这个灾难性的评断内容如下:

"按公认的词义来看,他不是一个哲学家;不是一个热爱智慧的人；不是一个探求智慧的人；不是一个探究旨在用终极因来解释宇宙一切现象的那种普遍科学的人；在你的证人和其他许多人看来，他是一个诡辩家；施行诡辩术；他靠狡诈的计策、骗术和谋略，靠纯粹的遁词，提出谬论和没有正确的推理支持的论点；他所作出的论断不是从正确的前提合理地演绎出来的；他称之为哲学的那些他所有的所谓学说都是低劣、庸俗、陈腐、拼凑而成的信条和命题，他想出这些东西是为了把人们引入歧途。"

根据《每日新闻》的报道，无论是凯夫人，还是她的丈夫，或者是戈尔茨坦，都不肯说出是谁在支付这笔诉讼费。

直到那时，罗素除了在这个运动刚开始的时候发表过一个简短的声明以外，始终不发表任何意见。他在这个简短的声明中说："我不想回答曼宁主教的攻击……。任何在青年时代就决心不顾敌视和歪曲都要正直地思想和说话的人，早就预料到会受到这种攻击，而且不久就会知道最好是不理睬它们。"然而现在，这种攻击走上了法律程序，罗素只好作出答复。他说："迄今为止，我对于有关我在市立学院受到任命的争论几乎一直保持沉默，因为我认为自己不宜发表意见。但是当在法庭上对我的行为作极不符合事实的陈述时，我觉得自己必须斥责他们是在说谎。我从来没有在英国领导过裸体营。我和我的妻子也从来没有在公开场合炫示裸体。我对色情诗从来不感兴趣。这种断语是蓄意制造的谎言，谎言的炮制者肯定知道它们毫无事实根据。能有机会宣誓否认这些事，我将很高兴。"应该再补充一点，罗素也从来没有"赞成"过同性恋。但这是我在后面要详细谈论的问题。

凯夫人的讼案由麦吉罕法官审理,他曾与布朗克斯区民主党机构有来往。在这个案件以前,他已经因为试图把马丁·路德的画像从法院墙上反映法制史的壁画中撤除而出名。市政助理法律顾问尼古拉斯·布奇代表高等教育理事会。他非常委婉地拒绝卷入关于罗素的看法是否邪恶和他配不配当哲学家的辩论。他只是回答辩护状中的那个与法律有关的问题——即不能任命外侨在市立学院供职的问题。布奇认为事实并非如此,因而要求驳回诉讼。麦吉罕预兆不祥地回答:"如果我觉得这些书籍可以证实起诉状的说法,我将提请本院上诉部和上诉法院考虑。"这里提到的这些书籍是戈尔茨坦为支持他的指控而提出的。它们是:《教育与美好生活》、《婚姻与道德》、《教育与现代世界》和《我相信什么》。

五

两天后,也就是3月30日,法官说出了他的想法。他根据"亦即自然法则和自然的上帝的……准则和标准",撤销了罗素的任命,并且像他面前的那些教士雄辩家那样,也把这项任命说成是"对纽约市人民的侮辱"。他最终认为,理事会的决定是"实际上安放一把有伤风化的椅子",而且当它这样做时,它的行为也是"专横的,任性的,直接危害公众健康、安全和国民道德的,也侵犯了本案起诉人的权利,因而起诉人有权要求法院作出撤销上述伯特兰·罗素的任命的决议"。据《星期日镜报》报道,法官承认他的裁决是"具有爆炸性的事件"。如果说他关心的是法律,那也不唯独是法律,这一点从他进一步的声明中也可以明显地看出来,他说:"这一决定为立法调查委员会奠定了基础,我敢说他们会对查明伯特兰·罗素的任命是如何出笼的感兴趣"。

《新共和》指出,麦吉罕的判决"必定是以超人的速度作出的"。约翰·杜威说,他怀疑法官根本就没有看过戈尔茨坦先生作为证据提出的那些书籍。确定无疑的是,判决是以快得有点反常的速度作出的。麦吉罕不可能在两天中,除了写出冗长的判决意见外,还仔细研究了四本书。法官根本就没有打算像任何一个凭良心办事的法官那样保护所有各方的权利,这一点从这个案件的其他一些特征上也可以明显地看出来。例如,他没有设法让罗素否认戈尔茨坦的指控,而是似乎很爽快地接受了这些指控。麦吉罕不给罗素说他对罗素观点的解释是否正确的机会。他也不想搞清楚罗素是否仍然坚持他在八至十五年以前所写的著作中表述的观点。即使司法公正不是也需要所有这一切,衡量一般正派的基本准则似乎需要所有这一切。

正如我们已经看到的,代表高等教育理事会的布奇先生,只是就罗素作为一个外侨依法不能被任命为市立学院教师的指控进行答辩。但是,麦吉罕撤销任命的理由主要是根据凯夫人起诉状中的其他指控。他不给布奇先生对其他指控进行答辩的机会就公布了他的判决。麦吉罕说,被告已"通知本法院他放弃答辩"。对此,布奇先生在宣誓书中则予以断然否认,他的否认从来没有遭到反驳。布奇先生发誓说,法官曾通知他,在他要求驳回起诉的申请被否定之后,仍然允许他发布理事会的答辩。

但是,这些在程序上严重违法的做法同判决本身所包含的歪曲、诽谤和不合逻辑的推论比起来,就算不了什么了,对于这一判决应该进行最仔细的研究。这一判决表明,即使在民主国家里,如果一个狂热的党徒取得了司法权,并且自以为得到有影响的政客撑腰,他在光天化日之下显然会干出什么来。必须大量引用这份令人惊异的文件,因为否则读者就不会相信竟然发生过这种事情。此外,我也不想像这位法官一样用断章取义的方法进行歪曲。我们将看到,麦吉罕法官表明自己是一个熟谙这种卑鄙伎俩的实践者,而且频频成功地使罗素看起来好像是在提倡他实际上并不主张的东西。

撤销任命的理由有三条。第一条,罗素是个外侨:

"首先,原告提出教育法第550条规定:'州公立学校雇用或委任从事教学的人不得是……3.非公民;但这一条款的规定不适用于现在或今后受雇的外籍教师,假如这种教师能提出想成为公民的正式申请,并在此后的法律规定的期限内能成为公民的话。'据承认,伯特兰·罗素不是公民,也不曾申请成为公民。市政法律顾问申辩说,他在任命之后还有适当长的时间可以提出申请。他还进一步申辩说,这一条款不适用于纽约市大专院校的教师;他申辩说,如果第550条适用的话,纽约市大专院校大多数教师的任命便都是非法的,因为他们既非州立师范学校的毕业生,也没有教育局局长颁发的许可证……。说曾经打算使这一条款适用于像伯特兰·罗素这样一个在这个国家住了一段时间、从来没有提出过关于公民身份的申请,而且,正如人们此后将会看到的,他即使申请显然也会遭到拒绝的人的情况,这似乎是不合逻辑的。这一条款一般适用于'教师和学生',而不限于中小学,因此本法院认为,因为这一条款的规定,伯特兰·罗素没有资格任教,不过这里作出的这个决定并不只是根据这一理由。"

人们无须成为专家便可看出法官推理中愚蠢可笑的法律错误。援引的法规十分明确是指公立中小学而不是大专院校。它包含着大量绝非适用于大学教授的其他规定。然而即便是公立中小学,只要侨民宣布自己愿意成为公民,法律也允许他任教。罗素几乎有一年时间可以来做这样的事情。麦吉罕没有权利假定罗素不会申请获得公民身份。他也无权代表移民归化局的当权者讲话。

可以想象,单单因为这种僭权,高等法院就不可能维持麦吉罕的判决。此外,移民当局无论是在判决之前还是在判决之后,都没有任何要将罗素驱逐出境的意思,从这一点就可以判定,麦吉罕不断地暗示罗素是个"品质恶劣"的人并犯有道德堕落罪,那是不足信的。

第二条,因为没有对罗素进行竞聘考试,所以宣布他的任命无效:

"原告的第二个论点是,任命罗素时没有对他进行任何考试,在任命他时纽约市立学院行政委员会和高等教育理事会的会议记录可以证实这一点。"

这个法律中有一个条款承认可以不进行竞聘考试和在任何特定情

况下由高等教育理事会决定是否进行竞聘考试的可能性。麦吉罕不可能完全无视这一条款。但是他又必须不惜任何代价证明罗素不适宜于任教。因此他就用下面这种巧妙的论证来否定这一条款：

"尽管本法院不必对高等教育理事会因为假定通过考试竞聘市立学院哲学教授是行不通的而采取的行动作出裁决，但本法院认为，高等教育理事会的这种假定是没有根据的、武断的、恣意的和直接违忤纽约州宪法明文规定的授权的。如果世界上只有一个人懂哲学和数学，而且那个人就是罗素先生，那么倒可以要求纳税人不经过考试雇用他，但考虑到美国在教育上花过大量的钱财，很难相信甚至在美国也找不出一个既为学术又为社会生活增光的可用人选。其他大专院校，不管是公立的还是私立的，似乎都能找到可以雇用的美国公民；说纽约市立学院不可能通过某种考试雇用哲学教授，那是拥有纽约州人民在宪法中拒绝给予的那种权力的高等教育理事会的假定，任何立法机关和理事会都不能违忤这种授权。"

人们很难认真看待麦吉罕的论点，其论点是：理事会不对罗素进行竞聘考试的做法是"没有根据的、武断的和恣意的"。人们甚至更难想象法官是在真心诚意地坚持这一论点。如果对大学教师进行竞聘考试的确是法律上的要求，那么所有公立大学的所有教授都得解雇。高等教育理事会的全体理事都得被指控进行非法任命。纽约州教育局局长因为允许这么多教授非法执教，所以也得受惩处。但是不管怎样,竞聘考试并不是法律上的要求,而是法律也没有规定理事会不可以判断致使对外侨进行考试比对公民进行考试更加行不通的各种情况。①

按照麦吉罕的逻辑,几乎根本不能聘用杰出的外籍教师,因为在大多数情况下可能都能请到也足以胜任的美国人。众所周知,美国研究较为高深学问的一切重要机构,一般都雇用外国人。在麦卡伦移民法以前,这一点曾通过使外籍教师不受通常移民配额的限制而得到正式承认。我注意到,著名天主教哲学家雅克·马里顿最近被任命到一所市立学院任职。每个明智的人必定会愉快地接受这种任命,但据我所知,马里顿却是一位从未申请入籍的外侨。他也没有参加竞聘考试。没有一个纳税人提起诉讼,要求撤销这项任命。我也很想知道,如果有人根据这些理由起诉马里顿,麦吉罕法官会怎样认真地看待这些理由。

关于他的意见中的第三条理由,法官谈得更加津津有味。在前两条理由中,显然还带有某种辩解的口吻。在第三条理由中则不复如此,这时必须保卫"道德"不受那个腐蚀青年的人以及高等教育理事会中的那些可疑的、促成其对青年的腐蚀的人的侵害。现在,麦吉罕成了凶残的十字军战士。正像罗素后来所评论的,

---

① 法学杂志中有三篇文章对麦吉罕判决的这方面内容进行了比较详尽的讨论:沃尔特·H.汉密尔顿的《新式神裁审判》,载于《耶鲁法律杂志》,1941年3月;评论,《伯特兰·罗素诉讼案》,载于《芝加哥大学法律评论》1941年第8期,第316页;评论,《伯特兰·罗素事件:一宗诉讼的来历》,载于《哈佛法律评论》,1940年第53期,第1192页。我感谢这些文章提供了有关麦吉罕在程序上非法的和不合常规的做法的其他一些情况。

"法官为所欲为了"。这一阶段的意见已变得相当混乱,理性的论证不管在前几部分有多少,这时已渐趋消失。暴怒和愤恨无可争议地占据了支配地位。我们总是很难确定法官究竟以什么理由为根据下命令不准罗素任教,因为他自己也莫名其妙地承认,他的许多言论和判决毫不相干。罗素"品性邪恶",他的学说具有"诲淫的"性质,这毫无疑问是很清楚的:

"上述理由足以支持诉状并同意原告要求撤销任命,但是还有原告所仰赖的第三条理由,本法院认为,这条理由似乎极其令人信服。原告声称,伯特兰·罗素的任命侵害了州和国家的公共政策,因为罗素的学说臭名昭著、不道德且诲淫,因为原告认为,罗素不是一个具有高尚道德品质的人。

有人认为,罗素先生的私生活及其著述与任命他为哲学教师毫无关系。也有人认为,他打算教数学。然而,他却被任命到市立学院哲学系任教。"

法官接着说,在这方面,他"完全不考虑任何关于罗素先生攻击宗教的问题"。人们不得不承认,在这一点上法官是非常宽宏大量的。有时也许值得指出的是,尽管像市政务会委员查尔斯·基根和参议员费尔普斯·费尔普斯这样的显贵要人掌握着权力,但是纽约市毕竟是在一个非宗教的国家美利坚合众国,而不是佛朗哥统治时期的西班牙或神圣罗马帝国的一部分。不管怎么说,在罗素批判宗教理论的问题上,法官准备尽可能地宽大。但是,在其他问题上,话必须说得更加严厉些:

"……，但是有一些基本原则是这个政府的基石。如果任何当局任命一个没有高尚道德品质的人担任教师，那么，这项任命就违背了这些基本的先决条件。做教师的先决条件之一是高尚的道德品质。其实，这就是在市、州行政部门中，或在政府分支机构中，或在联邦政府中任职的先决条件。这里无须为这种说法辩护而进行争论。也无须到教育法中去找这种说法。教师职业的性质中就含有这种说法。教师不但要在课堂上进行言教，而且他们还要以身作则，给学生以身教。纽约市的纳税人花数以百万元计的钱为纽约市的一些市立大学提供经费。他们并不是在浪费这些钱，拨出那些经费也不是为了雇用没有高尚道德品质的教师。不过在教育法中有足够的根据支持这种论点。"

应该注意的是，尽管麦吉罕在他的整个判决中多次断言罗素是一个"品性邪恶"的人，但是他却始终不屑列举据称支持这个结论的罗素的行为，无论是真实的还是听说的。例如，我们不可能确定他是否接受戈尔茨坦关于罗素夫妇曾"赤身裸体地招摇过市"，或者罗素曾"酷爱色情诗"的控告。我们同样也不可能知道这位法官是否根据罗素在第一次世界大战期间曾由于他的和平主义遭到过监禁而得出罗素"品性邪恶"的结论，戈尔茨坦和此前并不以英帝国利益的维护者闻名的很多爱尔兰人曾因这种和平主义而变得非常兴奋。我不知道，对于不提供丝毫证据就作贬损性陈述的这种做法，那些有幸洞悉"上帝的准则"的人会有什么看法。在像我这样不太幸运的人看来，这种做法似乎很不道德；如果一个法官,在履行职责的过程中这样做,那就似乎是一种严重的滥用职权。

罗素的品性相当恶劣,然而他的学说甚至更糟糕:

"被作为证据提供的那些被承认是伯特兰·罗素所写的书籍充分证实了原告的论点,即罗素先生在其著作中传播了伤风败俗和诲淫的学说。在这里无须详细描述这些书中所包含的污秽①。只要摘录下面这些话就够了。引自《教育与现代世界》第119和120页:'我深信,如果大多数大学生都过临时的、没有子女的婚姻生活,那么大学生活,从理智和道德两方面来讲都会更加美好。这会为既非无休止的又非偷偷摸摸的、既非谋利的又非偶然的性欲提供解决办法,而且这种解决办法具有这样一种性质,那就是,它无须占用应当花在工作上的时间。'引自《婚姻与道德》第165和166页:'就我来说,我完全相信试婚是朝正确的方向迈进了一步,而且会有很多好处,我并不认为这就够了。我认为,一切不生育子女的性关系都应被看作是纯属私人的事情,如果一男一女愿意过无子女的同居生活,那么那应该是他们自己的事情,而与他人无关。我倒是认为,无论男女,若先前没有过性经验就开始做旨在生儿育女的结婚这种严肃的事情,那是不可取的。''现在对通奸特别重视是很不合理的。'(引自《我相信什么》

---

① 着重号是我加上的。

第50页)"

法官不详细描绘罗素的书中所包含的"污秽"的原因也许很简单,他在那里根本就没有找到任何"污秽"。正像约翰·杜威发表在《民族》周刊上的一篇文章中提到的:"如果有人到罗素先生的著作中去搜寻污秽和淫话,那么他就会感到失望。这种东西在罗素的著作中如此之少,以至于由于控告罗素先生犯诲淫罪所采用的那种随心所欲和不负道德责任的方法,人们有充分的理由相信,提出罗素犯诲淫罪的人有这样一种权力主义的道德观,即:他们如果有权,就会压制一切关于他们想要强加于人的那种信仰和做法的批评性讨论。"至于法官的措辞——"污秽"、"有伤风化的椅子",以及诸如此类的其他表述——有几位作者指出,如果他在法院之外重复这些话,有人就会控告他诽谤。

麦吉罕似乎认识到,到目前为止就罗素为人及其学说所作的举证还很不够。诚然,罗素的学说曾被说成是"诲淫的";但是这一事实本身并没有给予法院干预的权力。另外还需要一些东西。一些更激烈的,或者是我们说的更戏剧性的东西。这种情况需要创造性想象力大显身手,这位法官豪气万丈地接受了这一挑战。他像牧师舒尔茨教授和其他神圣雄辩术专家一样,想了个主意,把罗素与煽动违犯刑法联系起来。

"纽约州的刑法是我们人民生活中最重要的因素。我们作为这个城市的公民和居民都生活在它的保护之下。在处理人的行为方面,对于刑法的那些条文以及其中受谴责的那种行为,不可以掉以轻心或置若罔闻。即使我们假定高等教育理事会拥有立法机关可能会授予它的任命教师的最大权力,它也必须行动以免违犯刑法或怂恿违犯刑法。假如它行动以致提倡或怂恿违犯刑法,它的行动对公共卫生、公共安全和公共道德产生不利的影响,那么,它的行动是无效的,没有法律效力。衡平法院,由于那种法院所固有的力量,有充分的权力保护纽约市的纳税人免受像高等教育理事会的那种行动的侵害。"

在这样情操高尚地捍卫刑法之后,这位法官接着就兴致勃勃地引证起一些刑法条文来:

"纽约州的刑法对诱拐罪作了解释并规定,利用,或者促成他人领走或利用,不满十八岁的女子以达到性交目的者,而其不是她的丈夫,或者诱使先前贞洁的未婚妇女,不论年龄大小,到任何地方,以达到性交目的者,均犯诱拐罪,可处以十年以下监禁(第70款)。另外,刑法还规定,即使是合法扶养不满十八岁女子的父母或监护人,同意她被人领走以达到性交目的者,也触犯刑法,可处以十年以下监禁(第70款)。

"关于强奸罪,刑法规定,在并不相当于一级强奸的情况下与不满十八岁非自己妻子的子女进行性交者,系犯二级强奸罪,可处以十年以下监禁(第2010款)。

"刑法第100款规定通奸触犯刑法。

"刑法第2460款,除了别的以外还规定,为了不道德的目的而引诱或试图引诱任何妇女和他同居者,系犯重罪,判罪时可处以不少于两年、不超过十二年监禁,并处以不超过5000美元罚金。"

在这些条款中,只有涉及通奸的那款规定从表面上看还算与本题有点关系。罗素从来没有提倡过"强奸"或"诱拐",也从来没有怂恿别人"为了不道德的目的而引诱任何妇女和他同居"。麦吉罕即使竭尽其断章取义之能事,随后也不可能得到任何一段能解释为鼓励去犯这些罪的文字。那么为什么要援引这些条文呢?这位法官如果不是想在公众的头脑中,尤其是在不了解罗素著作的人的头脑中,把这些罪行与罗素的名字联系在一起,他又为什么要援引它们呢?我看美国司法机关的法官以前未必没有采用过这种蛊惑人心的手段。

为了不打乱这位法官的思路,我将连贯地把判决中的其余部分重述一下。他对"做好事"的学术自由的深透看法,和他的关于教师在讲授数理或物理哲学时能够用以引起"学生之间性交,而进行性交的女生还不满十八岁"的那种不同凡响的"间接影响"说,值得认真的学者注意。这后一种理论也许可以叫作"超常影响"说,它肯定会引起心理学家和关心超感知觉的人的兴趣。

"要是我们考虑一下,为了实施这些法律规定,每年都要向纳税人征收巨额税款,那么,任何一笔用于试图鼓励违犯刑法规定的开支,同公共福利必然完全是背道而驰的。即使在争论过程中退一步认为高等教育理事会拥有选拔市立学院教职员工的独立和专有的权力，本法院或其他任何机构都不能复审或剥夺它的决定权，也不能用这种独立和专有的权力来帮助、唆使或怂恿做出任何可能会违犯刑法的行动。假定罗素先生在他不宣传他似乎认为有必要经常在出版物上传播的那些学说的情况下能执教两年，他的任命也违背十分明显的教学法原则，那就是教师的人格对学生看法的形成，要比许多三段论法更有影响。我们鄙视的无能之辈不能说服我们去仿效他。我们喜爱的才能出众的人却无须费劲就能做到。有人坚持认为，伯特兰·罗素是非同寻常的。那使他变得更加危险。罗素先生及其以前行为的哲学直接抵触和违犯纽约州的刑法。要是我们考虑一下，人们的思想是多么容易受正在执教的教授的观念和哲学的影响，那么就会很清楚，高等教育理事会要么无视他们的行动很可能发生的后果，要么更关心拥护在他们看来似乎是对所谓的'学术自由'提出挑战的那个事业，而没有相应地适当考虑摆在他们面前的那个问题的其他方面。尽管就纯属'正当的'学术自由问题而言，本法院不能干预理事会的任何行动，但是它不会容忍以学术自由为幌子促进在青少年的头脑中对于刑法禁止的行动的推广。这项任命损害社会的公共卫生、公共安全和公共道德，因此法院有责任采取行动。学术自由并不意味着学术放肆。它是做好事而不是教邪恶的自由。学术自由不可能授权教师讲授谋杀和背叛是好事。它也不可能允许教师直接或间接地讲授学生之间的性交是正当的，而进行性交的女生还不满十八岁。本法院能从司法的角度注意到这样一个事实：纽约市各大学的学生都不满十八岁,虽然有些学生的年龄可能大一些。

"学术自由不能教导说诱拐是合法的,也不能教导说通奸是有吸引力的,并且对社会有好处。有已为国家缔造者们所承认的真理的标准和尺度。我们在《独立宣言》的开篇就可以看到他们的承认,他们在那里谈到自然法则和自然上帝法则。那里提出的这些学说从那时起直到今天一直被所有的美国人视为神圣不可侵犯,受到美国宪法和好几个州宪法的保护,并有全国公民用鲜血加以捍卫;这些学说承认造物主赋予人的那些不可剥夺的权利应当受到保护;凡是其生活和教诲同这些学说背道而驰的人,凡是讲授和实践伤风败俗之事的人,凡是怂恿和公开宣称违犯纽约州刑法的人,都不适合在本地任何学校任教。在我们的民主制度下,反对我们制度的人还没有把我们政府的司法机关削弱到无力采取行动以保护人民权利的程度。在如此直接关系到公共卫生、公共安全和公共道德的地方,不管是行政部门还是其他部门,都不能为所欲为,在要求完全并且绝对地免受司法审查的背后掩饰自己的行动。纽约市高等教育理事会故意而且完全无视挑拨任何教师必须遵循的基本原则。关于罗素先生要教的是数学而不是他的哲学的论点,无论如何也不可能抹杀这样一个事实:正是他作为教师的气质,会使学生们敬仰他,试图更多地了解他,而他越能以他个人的气质迷住他们,给他们留下深刻的印象,他就越有能力在他们生活的所有领域里扩大影响,使学生们在许多场合设法在各方面仿效他。

"在考虑本法院审查高等教育理事会对罗素博士所作出

的决定和任命的权力时,本法院把该诉讼案中出示的证据分成了两类,也就是,那些即使为许多人深恶痛绝,但是却涉及有争议的法案而不是就法律而言本身就邪恶的证据,和那些法院认为本身就邪恶的证据。罗素博士在他的题为《教育与美好生活》一书第211页上表达的关于手淫的观点,他在那一页上进而说:'听其自然,未成年人的手淫对于健康显然没有不良后果,对于性格也没有发现不良后果;在这两方面人们所看到的不良后果似乎完全是由试图阻止手淫的举措所造成的……。所以,在这方面,虽然可能很难做到,还是应该随孩子的便';他在同一本书的第212页上表达的关于裸体的观点,他在那一页上进而说:'从一开始就应该允许孩子看他的父母、兄弟和姐妹在当然需要脱掉衣服时裸露出来的躯体。不管怎么说,不应该大惊小怪;他完全不应该知道人们对裸体有种种看法';他的关于宗教和政治的观点;他自己的私生活和行为,以及偶然的信念和诽谤,都是本法院认为高等教育理事会在评估罗素博士作为教授的道德品质时应该考虑的问题,而且对这些问题,高等教育理事会的决定是最后的决定。如果高等教育理事会在这些方面的要求低于一般正派的标准,那么补救的办法就是,叫有权以低于公众利益所要求的道德标准任命人的人来负责。但是对于这种行为本法院无权过问,因为法律给予高等教育理事会这个权力。然而只要事情一超越有争议问题的范围,进入刑法的领域,那么,本法院就有权而且有责任采取行动。虽然即使《教育与美好生活》一书第221页上使用如下语言来怂恿通奸:'我不会教导说,终生对配偶忠贞不渝无论如何是可取的,或者,永恒的婚姻应该被认为是拒斥短暂的插曲的',有人也会强调说,他只是鼓励与其犯重罪不如犯轻罪,但是当我们面对罗素博士关于鸡奸这种该死的重罪的言论时,那种与其犯重罪不如犯轻罪的论点必然会站不住脚,犯鸡奸罪可判处十二年以下监禁,关于这种堕落行为,罗素博士在他的题为《教育与现代世界》一书第119页上这样说:'如果容忍与别的男孩发生同性恋关系,那么这种关系可能不会非常有害,但是恐怕这种关系甚至有妨碍今后正常性生活的发展的危险。'

"参照纽约州的刑法来看罗素博士的这些原则,它们似乎不仅败坏学生的道德,而且他的学说往往会使他们,而且在某些情况下还会使他们的父母和监护人,同刑法发生冲突,因此本法院就进行干预。"

法官的意思显然是说罗素在怂恿"鸡奸这种该死的重罪";这是在一切"与其犯重罪不如犯轻罪的论点必然会站不住脚"的地方对他最卑劣的指控。就我所知,在罗素的许多著作中,只有两段文字讨论到同性恋。一处就是法官引用的那一段。另一处出现在《婚姻与道德》第90页上,那段文字如下:"男子间的同性恋,但不是女子间的同性恋,在英国是非法的;想发表改变这方面法律的论点而本身不至于因猥亵而违法,那是很难的。然而每个费神研究过这个问题的人都知道,这条法律是野蛮无知的迷信的结果,我们提不出任何一种合理的论点来支持这条法律。"由此看来,很清楚,罗素反对制裁同性恋的现行法律。我从最近发自伦敦的电讯中看到,有影响的天主教徒近来好像成了转而赞成罗素立场的人,现在也支持废除这些法律。① 同样也很清楚的是,罗素并没有煽动什么人违犯他所反对的法律。在法官引用的那段文字中,罗素甚至没有批评法律。他根本谈不上鼓励同性恋,只是阐述一种可能性,然后指出同性恋关系的某些有害后果。这是1984的逻辑:黑的就是白的,和平就是战争,自由就是奴役。不管是在铁幕的哪一边,所有狂热之徒基本上都是一样的,这话说得多么正确!

不管是从法官引用的那几段文字还是从别的地方来看,说罗素怂恿通奸也不符合事实。罗素主张的首先是,未婚男女如果相互之间有足够的爱慕之情,那么他们之间的性关系不是道德错误,这纯粹是政府不该过问的私事。其次,他坚持认为,偶尔的私通关系未必就是离婚的理由。他在麦吉罕故意不予理睬的公开声明中坚持认为,这与"怂恿"通奸根本不是一回事。正相反,罗素提倡合法的试婚,甚至可以被看作是反对通奸的理由。但是不管怎么说,《纽约州刑法》中把通奸定为犯罪的那一条,现在没有、长期以来也不曾遵照执行过。这是众所周知的。能证明这条法律名存实亡的最有力的证据,也许来自麦吉罕自己担任布朗克斯县地方检察官时的案件记录。在他任期内,以通奸为法律上的充足理由,批准了

---

① 根据今天报道,"一个由平信徒和神职人员组成的天主教事务委员会曾向内政部建议,不把成年男子间的同性恋者'私下进行的两相情愿的行为'定为犯罪"……。关于同性恋问题,该委员会说:"用监禁来改造有同性恋癖好的人多半是无效的,而且通常对他们有害。圆满解决这一问题的方法并不是在关押同性恋者的拘留所里。"(引自1956年10月4日的《纽约时报》)希望教会中的这些人道明智之士永远不会出现在麦吉罕法官主审的法庭上,为他们鼓励犯"该死的重罪"而进行答辩。

大量的离婚案。但是麦吉罕,像所有其他地方检察官一样,从来没有起诉过一个因此官方有其犯罪记录的当事人。

罗素对于裸体的看法,虽然不是本身就邪恶的,也被法官斥为令人"深恶痛绝"。他援引罗素早期著作《教育与美好生活》中写的:"从一开始就应该允许孩子看他的父母、兄弟和姐妹在当然需要脱掉衣服时裸露出来的躯体。不管怎么说,不应该大惊小怪;他完全不应该知道人们对裸体有种种看法。"他以此作为证据表明:如果让这项任命继续有效,市立学院的哲学讲座就会变成"有伤风化"的讲座。麦吉罕显然希望使罗素看起来像一个提倡一种家内脱衣舞的、(用麦吉罕先生的丰富多彩的语言来说)"贪欲的、纵欲的、好色的、色情狂的"人。这位法官故意不引用罗素解释他这种看法的理由的其他部分论述。在麦吉罕故意不引用的那些其他的段落中,罗素明白表示:他提出自己的建议并谴责不惜一切代价掩蔽人体的相反做法,因为这种做法会唤起"一种念头,以为这里头有神秘的东西,孩子有了这种念头,就会变得淫秽和猥亵"。

法官也故意不引用《婚姻与道德》一书中关于同一个问题的论述,该书是戈尔茨坦呈递的、据说麦吉罕看过的书籍之一。戈尔茨坦关于罗素曾"领导过一个裸体营"的指控,大概就是从这段话的某些说法中推论出来的。这段话的原文如下:

> "禁止裸体的习俗,是对于性问题持得体的态度的一个障碍。就年幼的儿童而论,现在许多人已承认了这一点。在当然需要脱掉衣服的时候,让孩子们相互看裸体,让孩子们看他们父母的裸体,这对孩子是有好处的。大约在三岁时,会有一个短促

的时期，那时孩子对他的父亲和母亲之间的差别感兴趣，而且会把这些差别与他自己和他的姐妹之间的差别作比较。但是这个时期很快就过去了，此后他对裸体并不比对衣服感兴趣。只要父母不愿意让他们的孩子看到他们的裸体，孩子就必然会产生一种念头，以为这里头有神秘的东西，孩子有了这种念头，就会变得淫秽和猥亵。避免猥亵的办法只有一个，那就是避免神秘。赞成在适当的环境中（如在阳光灿烂的户外）裸体还有许多健康方面的重要理由。阳光照射裸露的皮肤，对增进健康非常有效。此外，凡是看到过孩子光着身子在户外跑来跑去的人，必然会对这样一个事实留下深刻印象：他们比穿着衣服时，举止得体得多，行动更加无拘无束，动作更加优雅。成年人也是这样。野外的阳光下和水里都是裸体的好场所。假如我们的社会习俗允许这样，裸体很快就会失去性的魅力；我们大家的举止就会更加得体，我们会因为皮肤接触空气和阳光而变得更加健康，我们的美的标准会同健康的标准更趋一致，因为我们的美的标准会与身体及其姿态有关系，不只是与脸有关系。希腊人在这方面的做法，是应当受到称赞的。"

我必须承认，在这个问题上我想象不出还有什么比这些话中所表达的更健康的态度。麦吉罕的反应使人回想起本世纪初很有名的一幅漫画，当时这位法官精神上的祖先之一，安东尼·康斯托克[①]，

[①] 康斯托克（1844—1915），美国最有影响的改革家之一。曾任纽约邮政稽查员。自1873年直至去世，他领导了一场反对文学和其他文化艺术形式中的淫秽内容的运动。——译者

正在开展反对绘画和雕塑中表现裸体形象的运动。这幅漫画画的是，康斯托克正在把一个妇女拖上法庭，并且对法官说："阁下，这个妇女生了个裸体的孩子。"

关于手淫问题，这位法官也像往常一样犯有双重歪曲罗素观点的罪行。首先他用断章取义的手法歪曲罗素讨论这个问题的真正意图。除此以外，麦吉罕还曲解他在审判中援引的那段文字。法官试图把罗素说成是在劝诱或提倡手淫。在法官援引的那段文字中，罗素并没有做那种事情。他只是主张，与其用危言耸听的恐吓制止手淫，不如听其自然。再说，在这段文字出现于其中的上下文中，罗素根本不是在什么提倡手淫，而是推荐了一些防止手淫的方法，但不是直截禁止的方法。至于罗素的真实看法，它们是，而且长期以来一直是医学常识。在这方面，《新共和》周刊恰当地评论说，法官只不过表明他自己不懂"医学和心理学领域里的整个一代的科学思想"。与其对大学教授进行竞聘考试，也许还不如规定未来的法官必须对医学心理学有某种最起码的了解。

麦吉罕不仅仅歪曲罗素关于特定话题的观点。他的意见中最恶劣的特点也许是歪曲罗素批评传统伦理道德的总体意图。听了法官的意见，谁也不会得到这样的印象：罗素是以高度认真的精神探讨整个性道德问题，他的目的是要抛弃道德的约束，系统地阐述一种更仁慈、更人道的法规。罗素在这位法官可能从未看到过的一段文字中写道："性不能废弃伦理，就像经商、运动、科学研究或人类的任何其他活动不能废弃伦理一样。但是它能废弃只是建立在由完全与我们不同的社会里的那些未曾受过教育的人提出的那些古代禁律基础上的伦理。在性方面，也像在经济和政治方面一样,我们的伦理仍然受恐惧的支配,而现代的种种发现已经使得这种恐惧变得不合理了⋯⋯。诚然,从旧制度向新制度的转变有它自身的困难,就像一切转变都有困难一样⋯⋯。我所提倡的道德并不只是向成年人或者青少年说:'凭着你的冲动,你喜欢怎么做就怎么做。'人生必须始终如一;必须朝着那些不是即刻有益的、不是时时刻刻令人神往的目标继续不断地努力;必须为别人考虑;而且还应该有某种关于正直的标准。"他在《婚姻与道德》的另一个地方还说:"性道德必须源出自一些普遍的原则,对于这些普遍的原则也许有相当广泛的一致意见,尽管对于从这些普遍原则得出的结果会有广泛的不一致意见。第一件必须做到的事情是,男女之间应该有尽可能多的那种深厚真挚的爱情,它包蕴着双方的整个人格,并导致使各方充实和增强的融合。⋯⋯第二件重要的事情是,应该从生理上和心理上充分关心儿童。"罗素既不是"野蛮生活"的提倡者,也不是婚姻制度的反对者。在他看来,婚姻是"两个人之间能够存在的最美好最重要的关系",而且他非常肯定地坚持认为,婚姻"是一件比两个人互做伴侣的快乐更严肃的事情;它是一种制度,这种制度通过繁衍后代这一事实形成社会内部结构的组成部分,而且具有一种远远超越夫妇个人感情的重要性"。

这些观点是否真的这样危险是可以怀疑的。但是不管怎么说,麦吉罕和形形色色的"道德"卫士为市立学院学生(不管大于还是小于十八岁)的天真和纯洁担忧,看来是不可信的。弄清罗素在市立学院任教是否可能会导致"放荡的生活"、"诱拐"和其他的可怕行径,应该是并不困难的。罗素一生中大部分时间都是教师——在英国、中国和美国。如果请他教过书的大学的校长、他的大学同事，以及听过他课的学生提交关于罗素影响的报告，这无疑是非常简单的事。这样的报告实际上现成的就有，但是法官对它们却不感兴趣，他对它们之所以不感兴趣，是因为所有人无一例外都用最高度的赞美之辞称扬罗素。前一年罗素曾在那里任教的芝加哥大学的校长哈钦斯向高等教育理事会保证罗素作出过"重大的贡献"，并且有力地支持对他的任命。加利福尼亚大学校长斯普劳尔也采取同样的立场，夸奖罗素是"一位最受人尊敬的同事"。洛杉矶的加利福尼亚大学学生报编辑理查德·佩恩打电报给市立学院的一次抗议集会说："了解这位伟人的洛杉矶加利福尼亚大学学生完全支持你们。祝你们成功！"史密斯学院院长兼ΦBK联谊会会长玛乔丽·尼科尔森也主动发表声明。她曾在英国哲学研究所听过罗素两门课。据尼科尔森院长说，"罗素先生在讨论哲学时从来不提起他的反对者提出的那些有争议的问题。……罗素先生首先是个哲学家，他在教学中总是牢记这一点。要不是报纸夸张的渲染，我根本不会知道罗素先生的关于婚姻、离婚、有神论或无神论的看法。"其他许多地方也送来了诸如此类的证言。前面我已经说过，麦吉罕法官并不是着眼于法律。我想还可以公正地补充说，他也并不是着眼于事实。

六

对判决的反应有如人们预料的那样。支持罗素的人灰心丧气，反对罗素的人则欢欣鼓舞。支持罗素的人担心巨大的政治压力会阻碍高等教育理事会向高级法院进行有效的上诉。这些担心,就像我们将会看到的,证明是非常有道理的。美国大学教授协会全国理事会在芝加哥召开会议,一致通过一个决议,敦促拉瓜迪亚市长和高等教育理事会同麦吉罕的判决作斗争。其他许多团体,其中包括美国科学工作者协会和公共教育协会,也采取了同样的行动。专门成立了一个以哥伦比亚大学的蒙塔古教授为主席、约翰·小赫尔曼·兰德尔教授为秘书的学术自由-伯特兰·罗素委员会。它的发起人中有史密斯学院退休荣誉院长威廉·A.尼尔森博士;斯普劳尔校长和哈钦斯校长;威廉-玛丽学院 J.S.布琳博士;尼科尔森院长;弗兰克·金登博士,以及学术界其他许多著名人物。西北大学六十名教职员立即为该委员会捐款,称赞伯特兰·罗素情操高尚地和勇敢地探讨道德问题。争取文化自由委员会打电报给拉瓜迪亚市长,它在电文中指出,麦吉罕把罗素说成像个"浪荡公子和恶棍"。该委员会又说:这"与已知的和很容易就能证实的事实大相径庭,这些事实为罗素任教过的那些美国大学的校长所证实"。

美国争取民主和理智自由委员会组织了一次抗议大会,会上发言的有哥伦比亚大学的沃尔特·劳滕施特劳赫教授、人类学家弗朗兹·博厄斯教授、纽约大学教务长 N.H.迪尔伯恩 H.N.西布莉牧师。市立学院本身也在大会堂召开群众大会,那里的学生在罗素有机会进一步败坏他们的健康和道德之前,显然就已经相当堕落了。学院最出色的毕业生之一厄普顿·辛克莱寄来了声援信,他在信中断言:法官和主教"使我们大家都知道了英国借调给了我们一位当代最有学识和最慷慨的人"。最后他说,"不应当让"

性教条的拥护者"剥夺我们接受伯特兰·罗素的服务的机会"。会上主要发言人有古典语言系的布里奇教授、哲学系的威纳、历史系的莫里斯和哥伦比亚师范学院的莱曼·布赖森。布赖森教授说："如果公立大学不能像别的大学那样自由，那么它们就没有任何希望在我们一生的理智发展中发挥重要的作用。"最后这个需要考虑的因素，对麦吉罕法官、曼宁主教和支持他们勇敢尝试的那些坦慕尼协会的学者，也许没有太大的影响。

在这整个事件发生之前，堕落行为肯定已在市立学院盛行多年了。因为市立学院准校友会的理事会曾通过投票表决一致同意敦促高等教育理事会提起上诉。这项动议是由以颠覆活动闻名的组织伊曼纽尔寺的退休荣誉拉比塞缪尔·舒尔曼博士提出的。最高法院法官伯恩哈德·欣塔格是支持这项决议的十八位理事之一，他也许在"间接"影响的学说方面没有受过适当的教育。

加利福尼亚发生的一些事件也明显表明，并不是所有的法官都像麦吉罕那样精通刑法，都像他那样深切地了解学术自由。4月30日，前部长 I. R. 沃尔先生在洛杉矶地方上诉法院提交了一纸禁止令状，要求免去伯特兰·罗素在加利福尼亚大学的职务。沃尔先生指控伯特兰·罗素的学说是"颠覆性的"。加利福尼亚可不像纽约，这纸禁止令状立即就被法院驳回了。

七

罗素的敌人认为麦吉罕的判决是伟大的英雄主义行为，这是不言而喻的。这位法官现在成了审问官的议事录中热情赞美的歌颂对象。耶稣会的《美洲》周刊说:"他是一个美国人,一个阳刚而忠实可靠的美国人。"这还不够,"他是一个品行高洁、应受尊敬的法学家,……最优秀的法学权威之一。"他还"全心全意地实践自己的宗教信仰",而且"他身高大大超过六英尺,充盈着才智和仁慈"。他的优点还不仅仅是这一些。罗素指责这位法官是一个"非常无知的家伙",他的这种指责完全不符合事实。他是一个古典文学学者,一个"头脑敏锐、学术成就辉煌"的人,……"他阅读希腊文原文的荷马作品,欣赏拉丁文原文的贺拉斯和西塞罗的作品"。其他许多人也参加了耶稣会刊物的谄媚大合唱。其中有天主教教师协会会长弗朗西斯·S.莫斯利,他把麦吉罕的裁决说成是"法学史上壮丽的篇章"和"正派和道德的力量的伟大胜利,也是真正的学术自由的胜利"。《简报》在要求对奥德韦·蒂德、代理院长米德以及其他对罗素的任命负有责任的革命者进行调查之后,发表社论说:"麦吉罕法官的裁决……带有立即博得喝彩的那种简明和真诚的色彩。"

现在肯定已经很清楚了,罗素不是必须受到惩罚的唯一罪犯。高等教育理事会的大多数成员差不多同样应当受到谴责,因此必须采取适当的行动制裁他们。我相信普遍认为是美国右翼政治的"疯狂派"的一部分的纽约州教育理事会,在一次会议上谴责约翰·杜威教授和富兰克林·D.罗斯福夫人,因为他们宣传宽容("一种病态的贫血的东西")以代替我认为比如说在麦吉罕的程序中表现出来的那种"一般的正派"和"光明磊落"。就在这次会议上,宗教复兴全国委员会主席兰伯特·费尔柴尔德指责高等教育理事会赞成任命罗素的多数人是"叛教的犹太教徒和叛教的基督教徒",并且强烈要求由"仍然信仰自己的国家和宗教的人"来取代他们。我们在前面提到过的那个骂罗素是"狗"和"无业游民"的斯文绅士查尔斯·E.基根,在市参议会上提出这件事。他把罗素比作帮助纳粹取胜的"第五纵队",并且把他叫作"公开承认的共产党人",竭力主张开除高等教育理事会中那些曾坚持要"把罗素安插到市立学院任教"的理事。他提出决议案,吁请市长改组高等教育理事会,任命那些"更可信赖地"为这个城市服务的理事。决议案以14票对5票获得通过。但是,应该附带说一下,市长不能随便开除高等教育理事会理事,因此,市参议会议员基根的动议案只不过是一种高尚的姿态而已。

除了阻挠任命罗素和惩戒赞成任命的理事会理事之外,剩下的任务就是启发公众认识自由的真正本质——这是一个许多美国人对此都有严重误解的问题,产生这种误解的原因很可能是因为像杰斐逊和潘恩这种受骗的异教徒的影响。必须使麦吉罕和慕斯利的看法更加广泛地为人们所知。在这场启蒙运动中,"血泊"演说家弗朗西斯·W.沃尔什阁下起了突出的作用。他在阿斯特饭店再次走上讲坛,这次是在纽约邮政局的圣名会一年一度的共进早餐仪式上,他首先简短地提了一下这次史诗般的法院裁决。他说,这是他最后一次站在这个讲台上,"我曾探讨过数学教授称之为三角婚姻的问题。但是,由于尊敬的法官约翰·E.麦吉罕阁下已经把那道难题证明完毕,我们就讨论下一个有关的问题。"沃尔什阁下接着讨论"一个用得很滥的词",那就是"自由"。他说,因为人类"只有服从上帝的法则——自然的法则、十诫的法则——才能够继续存在,所以在我们这个美国就不允许任何人以自由的名义嘲弄上帝的法则。我们不允许任何人站在自由的讲坛上试图背后中伤自由。这适用于所有共产党人和他们的同路人,适用于把州的法律凌驾于上帝的法则之上的所有纳粹分子和法西斯主义者,适用于大学教授、书籍出版商以及生活在美国土地上的其他任何人"。沃尔什阁下有权被认为是研究滥用"自由"一词的专家,这一点几乎是不能否认的。

八

不就《纽约时报》在这件事情中扮演的角色说几句话,这篇报道恐怕不算完整。如果不涉及宗教压力集团,《纽约时报》通常就会很快地对滥用权力提出抗议。对罗素案的新闻报道像往常一样是公正的和全面的。但是,在整个三月,罗素和高等教育理事会的理事每天都遭到最恶毒的诽谤,《纽约时报》却完全保持沉默。在麦吉罕判决后的三个星期中,它连一个字的社论也没发表。最后,到了4月20日,《纽约时报》登载了纽约大学校长蔡斯的一封信,指出麦吉罕的行动的某些含义。蔡斯先生写道:"就我所知,现在真正的问题是以前美国高等教育史上从未提出过的一个问题。那就是:在一个完全或部分靠公款维持的事业机构中,假如有一个纳税人提起诉讼,法院是否有权因为某个人的意见而取消对教职员的任命。……如果确认法院的这种权力,那么美国所有公立的大专院校中每个教职员的安全和理智独立性就受到了打击。它的潜在后果是无法估量的。"

《纽约时报》现在只得以社论的形式对这个问题表明立场。它首先发表了一些一般性的评论,对已经挑起的这场论战的不幸结果表示痛惜。《纽约时报》写道:关于任命罗素的争执"已经在这个社群中造成了很大危害。当我们全都是其中一部分的民主在如此多的方面受到威胁时,它给我们的感情造成了无法忍受的痛苦"。社论接着摆出中立的面孔说,"有关的所有各方"都犯了判断的错误。"当初任命伯特兰·罗素是失策的和不明智的;因为,完全撇开伯特兰·罗素的学识和他作为教师的优点不谈,从一开始就可以肯定,他对各种道德问题所表达的意见会伤害这个社群中很大一部分人的感情。"任命究竟是"策略的"还是"失策的",显然要比教师的能力和学识的问题更为重要。对于一份受人拥护的自由主义报纸来说,这确实是一种值得注意的学说。

关于麦吉罕的裁决,《纽约时报》只能说它"宽容得颇为危险"。这份自由主义报纸的愤怒主要不是对准滥用职权的法官,也不是对准我马上就要说到的行为怯懦的市长,而是对准了恶毒攻击的受害者伯特兰·罗素。《纽约时报》说,罗素先生本人,"当任命的有害的结果一旦变得明显的时候,就应当马上明智地辞职"。对此,罗素在4月26日发表的一封信中回复说:

"关于你们对我的纽约市立学院教职的任命而引起的争论的各种提法,尤其是关于你们认为我'当有害的结果一旦变得明显的时候,就应当马上明智地辞职'的意见,我希望你们能允许我说几句话。

"从某种意义上说,这也许是最明智的做法;就我个人利益而言,这肯定会是更加精明,也是要愉快得多。如果我只考虑自己的利益和意愿。我本该立刻引退。但是,不管这种做法从个人的观点来看可能是多么明智,我认为它也是怯懦而自私的。认识到他们自己的利益和宽容与言论自由的原则岌岌可危的许许多多人,从一开始就迫切希望把这场论战继续进行下去。如果我引退了,我就剥夺了他们交战的理由,而且默许了反对派这样的建议:允许实力集团把他们觉得其意见、种族或国籍令人反感的那些人开除公职。在我看来,这好像是不道德的。

"是我的祖父促成了英国宣誓法和市政机关法的废除,这两个法律禁止任何非英国国教会教徒担任公职,而我祖父本人就是英国国教会教徒。我早年最重要的记忆之一就是在废除这两个法律五十周年的那一天,由循道宗信徒和卫斯理宗教徒组成的代表团到我祖父住宅的窗外向他欢呼致敬,尽管唯一受影响的最大集团是天主教会。

"我相信一般说来论战是没有害处的。危害民主的不是论战和公开的分歧。相反,论战和公开的分歧是民主的最大保障。实力集团,即使是多数派,也应该宽容地对待持不同意见的集团,不管这些集团是多么弱小,也不管他们的感情会受到多大的伤害,这是民主的基本部分。

"在民主国家中,人民必须应该学会在感情受到伤害时忍耐……。"

《纽约时报》在4月20日社论的结尾,特别强调要支持蔡斯校长,希望高等法院复审麦吉罕的判决。后来,当法官和拉瓜迪亚市长联起手来,采用巧妙的方法极力阻止这种复审的时候,它却连一句反对的话都没有说。这份"世界上最大的报纸"在这个案件中的记录就介绍到这里。

九

当麦吉罕的判决公布于众时，有些敌视罗素的人害怕上级法院会宣布这个判决无效。因此，市政委员会委员兰伯特在欢呼"正派力量的伟大胜利"之后就指出，斗争尚未全胜。他为了表示自己非常尊重司法独立，还补充说："正派的市民应当团结起来，使任何法院都不敢推翻这一判决。"

这位市政委员会委员的担心完全是多余的。拉瓜迪亚市长和市参议会的有些议员已经开始行动起来，以确保即使上级法院支持反对麦吉罕判决的上诉，罗素也不可能恢复原职。市长只是从预算中取消了任命罗素执教的那个讲座的拨款。他做这件事情所采取的是特别偷偷摸摸的方式。他在公布行政预算时，关于此事只字未提。几天后记者才注意到划去了这一项预算。当有人追问时，市长伪善地答复说，他的行动"符合取消空职的政策"。美国公民自由联盟主席罗杰·鲍德温随即致电市长，表达了许多观察者的想法。他写道："在我们看来，否定你市高等教育理事会的做法的这种行为，比麦吉罕法官根据其自己的偏见作出的判决，似乎更令人讨厌。"市长的这种做法是前所未闻的，而且按照专家们的看法，也是没有法律效力的，因为只有学校董事会才有权控制它们预算里的任何开支。

但是，单从预算中取消罗素的那个讲座的拨款还是不够的。

每条渠道都得堵死。为了保证不会任命罗素担任别的职务,莱昂斯区长在已被认为是下个年度预算之部分条件的预算委员会会议上提出一项决议案。该决议案规定:"这里所拨的款项不得用于雇用伯特兰·罗素。"

这些措施使法庭上的任何上诉似乎都不太可能最终使罗素实际上恢复原职。但是为了坚持原则,高等教育理事会的大多数理事还是决定向高等法院提起上诉。在这个阶段,市政法律顾问 W. C. 钱德勒先生通知高等教育理事会说,他不打算提出上诉。他同意高等教育理事会的看法,认为麦吉罕的判决"并不合法",甚至劝高等教育理事会以后任命时可以不理会这个判决。尽管如此,他还是建议这场官司不要再打下去了。他说,因为牵涉到"宗教和道德方面的争论",高等法院可能会确认这一判决。同时,市长也宣布完全"支持"钱德勒先生拒绝上诉。用"授意"这个词,也许会比"支持"一词更为准确。

高等教育理事会的大多数理事现在求助于私人法律顾问,"鲁特,克拉克,巴克纳和巴兰坦律师事务所"自愿免费提供服务。巴克纳先生以前是联邦政府派驻纽约市南区检察官,他的助手是约翰·H. 哈伦先生。哈伦先生根据许多先例,向麦吉罕法官提出申请,要求由他的律师事务所代替市政法律顾问作为高等教育理事会的法定代理人。他还强调说,高等教育理事会没有对麦吉罕的裁决作正式的答辩,并且认为,它有权要求撤销该判决,以便对之进行正式的答辩。对于读者来说,这个十字军战士认为哈伦先生的意见没有法律依据,那是不足为奇。他决定,未经他同意,不得替代市政法律顾问,并且轻蔑地把高等教育理事会的大多数理事叫做"现在不能就已经判决的案件再次提起诉讼"的一个"心怀不满的小集团"。对于这一裁决的一切上诉均被高等法院驳回，而且由于市政法律顾问拒绝上诉，高等教育理事会已经没有能力因不服麦吉罕的取消对罗素的任命的判决而上诉。

麦吉罕的判决及其对罗素人品的诽谤公布以后，有人劝罗素自己单独聘请律师。罗素雇用了美国公民自由联盟向他推荐的奥斯蒙德·K.弗伦克尔先生。弗伦克尔代表罗素，立即申请以罗素为诉讼一方。他还申请允许对戈尔茨坦诽谤性的指责进行答辩。麦吉罕以这事与罗素没有"法律关系"为理由，拒绝了他的申请。弗伦克尔先生将这一决定告到最高法院上诉部，上诉部的官员全都支持麦吉罕，而且不说明他们这样做的理由。他后来又要求上诉部允许其向上诉法院上诉，这也被拒绝了。剩下的少数几种可供弗伦克尔先生采用的合法措施，同样都没有结果。该案与其女儿不可能成为伯特兰·罗素的学生的凯夫人有法律关系，而与面临身败名裂的危险和生计都成问题的罗素却没有法律关系，这真是咄咄怪事。科恩教授贴切地评论说："如果这就是法律，那么毫无疑问，用狄更斯的话来说，'法律就是蠢驴'。"

就这样，高等教育理事会和伯特兰·罗素本人都无法进行有效的上诉，麦吉罕的判决终于成为定局。约翰·杜威说："作为美国人，我们只能因我们光明磊落、公平公正的美名上的这道疤痕而脸红。"

十

罗素从加利福尼亚大学来到哈佛大学，哈佛大学的校长和董事大概没有充分记取麦吉罕法官关于罗素"不宜在这个国家的任何学校执教"的声明。为了答复托马斯·多根,他们发表声明,说他们已经"注意到对这一任命的批评",但在回顾了整个情况之后,断定这是"为了大学的最高利益重申他们的决定,而且他们已经这样做了"。尽管我猜想强奸和诱拐的统计数字比平常多少高一点,罗素在哈佛大学的讲学进行得非常顺利。接着罗素在宾夕法尼亚州梅里昂的巴恩斯基金会讲了几年课。1944年他回到英国。几年以后,英国国王乔治六世授予他功绩勋章。我不得不说,这表明不列颠君主国令人遗憾地漠视刑法的重要性。

1950年,罗素在哥伦比亚大学举办马切特讲座。他受到了激动人心的欢迎,对此每个出席者都终生难忘。有人拿它同伏尔泰1784年回到巴黎时所受到的欢迎进行比较,巴黎是伏尔泰曾被监禁的地方,后来他又被逐出巴黎。也就在1950年,大概标准"低于普通正派要求"的瑞典一个委员会把诺贝尔文学奖颁给了伯特兰·罗素。凯夫人、戈尔茨坦先生或麦吉罕法官都未作评论。总而言之,没有发表任何意见。

保罗·爱德华兹

1956年10月

索　引

（索引中的数字为原书页码，即本书边码）

abduction　诱拐　189—90,192
academic community　学术界　172—3, 174—5,201—2
academic freedom　学术自由：关于罗素的纽约市立学院教职的任命的争论　190—3,202,206；罗素论～　112—24
Academic Freedom—Bertrand Russell Committee　学术自由-伯特兰·罗素委员会　201—2
Adams,J.　亚当斯,J.　78—9
adaptation　适应性变化　7
adultery　通奸　189—90,192,194, 195—6
Aesop's fables　《伊索寓言》　46
aesthetic satisfaction　美学满足　54—5
age,for childbirth　生孩子的年龄　105
Ainslie,R.　安斯利,R.　82
Alexander,College President　亚历山大,学院院长　172
aliens　外侨　86；～教师的任命　178, 180—2,184
America　《美洲》　169,203
American Association of Scientific Workers　美国科学工作者协会　201
American Committee for Democracy and Intellectual Freedom　美国争取民主和理智自由委员会　202
American Declaration of Independence　美国的《独立宣言》　72,192
American War of Independence　美国独立战争　72—4
Andrus,R.G.　安德勒斯,R.G.　173
anti-Semitism　反犹太主义　161
Apostles　使徒　37
appearance,and reality　现象与实在　49—55
Aquinas,T.　阿奎那,T.　156
arguments for the existence of God　关于上帝存在的论证　xxii—xxiii,3—10；宇宙设计论论证　xxiii,7—8,45—7；从偶然性出发的论证　127—38,150, 151—2；道德论论证　8—10,143—52
Aristotle　亚里士多德　152
Arnold,M.　阿诺德,M.　26
art　艺术　53—5；中世纪　66,69
asceticism　禁欲主义　107
atheism　无神论　见 Freethinkers 自由思想家
atoms　原子　5,33—4,136
Axtelle,G.　阿克斯特尔,G.　xviii

Baldwin,R.　鲍德温,R.　209
Baldwin,S.　鲍德温,S.　11
baptism　洗礼　30
'barbaric' view of the Middle Ages　关于中世纪的"野蛮的"观点　65,66

Barnes, Bishop　巴恩斯主教　45, 46
B. B. C.　英国广播公司　xx
behaviourism　行为主义　148—9
belief　信仰：给"基督教徒"下定义 1, 2—3；艾略特与罗素的辩论　xi—xii；～的种类和宗教造成的危害　xxiii—xxiv
Bentham, J.　边沁, J.　62
Berry, Duke of　贝里公爵　68
Beveridge Report　《贝弗里奇报告》xx
bigotry　盲从　117
birth control　节育　17, 23
birth rate　出生率　95, 100
Bixler, J. S.　比克斯勒, J. S.　173
Blake, W.　布莱克, W.　76
Blanchard, P.　布兰查德, P.　98
Boas, F.　博厄斯, F.　202
body, and soul　肉体与灵魂　29, 42—3
books, influence of　书的影响　139—40, 142
borrowing　借贷　11—12
Bradley, F. H.　布拉德利, F. H.　49, 54, 55, 56
brain　脑　43—4
breakdown of rigid systems　死板制度的崩溃　64
bridges, iron　铁桥　74—5
Brightman, E. S.　布赖特曼, E. S.　173
Bruges magistrates　布鲁日地方行政官　69
Bryn, J. S.　布琳, J. S.　201
Bryson, L.　布赖森, L.　202
Bucci, N.　布奇, N.　178, 180
Buckner, Mr　巴克纳先生　210
Buddha　佛陀　11, 15, 21
Buddhism　佛教　21, 161；日本佛教派　62—3
budget appropriation, removal of　预算拨款的取消　209

Burke, E.　伯克, E.　74, 75
Butler, S.　勃特勒, S.　15—16, 63
Butterfield, H.　巴特菲尔德, H.　158—60
Byrnes, M.　伯恩斯, M.　172
Byzantine empire　拜占庭帝国　118

calendar　历法　20
California　加利福尼亚　203
capital punishment　死刑　86
Carlile, R.　卡莱尔, R.　82
Catholicism　天主教　xxiv, 38；委员会和同性恋　195；教义产生残忍的结果　17；新教怀疑论者和天主教怀疑论者　57—64
cause　原因：～和从偶然性出发的论证　132—8；第一原因论证　4—5
censorship　审查　88, 116—17, 156；中国　113—14
Chamberlain, A.　张伯伦, A.　vii
Chandler, W. C.　钱德勒, W. C.　210
Chao Meng-fu　赵孟頫　66
Charles V　查理五世　119
Charles, R. H.　查尔斯, R. H.　162
Chase, Chancellor of New York University　蔡斯, 纽约大学校长　206, 208
children　儿童　199—200；妇女生孩子的年龄　105；～教育 见 education 教育；～淘气的冲动　63；～关于性的知识　109—10；新知识和教养孩子　92—101；正派人和～　90—1；宗教和对待～　34—5；临时无子女婚姻　105, 187, 196
China　中国　113—14
chivalry　骑士／骑士精神　65, 67
Christ　基督 见 Jesus Christ 耶稣基督
Christianity　基督教　1—19, 36, 52 与共产主义相比较　157—8；给"基督教徒"

下定义 2—3;艾略特对罗素的演讲的批判 viii—xiv;对基督教徒的迫害 30—1;～和性 22—5,38;作为解决世界问题的一种办法 153,158—63;宽容 31—2;也可见 Catholicism 天主教,Protestantism 新教

Church 教会 36;政府与～之间的冲突 118;作为宗教的一个要素 xii;教会与其创建者之间的关系 21;阻碍进步 17,22;政教分离 xvii—xix

Churchyard of the Innocents, Paris 巴黎的无辜婴孩教堂墓地 68

citizenship 公民身份 181—2

civilisation, religion's contribution to 宗教对文明的贡献 20—41

Cobbett, W. 科贝特, W. 76,82

Cohen, M. R. 科恩, M. R. 166,174,211

College of the City of New York 纽约市立学院 xx,116—212

comfort, philosophy and 哲学和安慰 48—56

Committee for Cultural Freedom 争取文化自由委员会 202

Communism 共产主义 xxiv,61,114,153,162—3,165;与基督教相比较 157—8;罗素对～的谴责 114,170

companionate marriage 试婚 105,187,196

competitive examination 竞聘考试 182—4

Comstock, A. 康斯托克, A. 198

Comte, A. 孔德, A. 61

conceit 自负 38

concentration camps 集中营 144—6

conditioned reflexes 条件反射 148—9

Congo, the 刚果 161

contingency, argument from 从偶然性出发的论证 127—38,150,151—2

Conway, M. 康韦, M. 82

Copleston, Father F. C., SJ 科普尔斯顿, F. C. 耶稣会神甫 125—52

Corporation Counsel 市政法律顾问 210

cotton trade 棉花贸易 88

creeds 信条 xii,2

crime 罪 35,154—6

cruelty 残忍 14—15,46;教条和～ 16,17;中世纪 68—9;潘恩反对～ 79;正义和～ 37

Crusades 十字军 161

Dance of Death "死亡之舞" 68

Darwin, C. 达尔文, C. xxiii,22

Dearborn, N. H. 迪尔伯恩, N. H. 202

death 死亡:"死亡之舞" 68;死后灵魂的存活 42—7

death rate 死亡率 95

deceiving children 欺骗儿童 110

Declaration of Independence 《独立宣言》 72,192

Demarest, W. 德马雷斯特, W. 169—70

democracy 民主政治/民主国家 113,208;权力的滥用 118—21;自由～ 115—18;潘恩和～ 71,75,82;～的正当职能 116—17

Descartes, R. 笛卡尔, R. 29,33

design, argument from 宇宙设计论论证 xxiii,7—8,26—8,45—7

devils 魔鬼 140—1

Dewey, J. 杜威, J. 166,173,179,204,211

dice 骰子 5—6

Dingle, Professor 丁格尔教授 136

diversity of opinion 意见的不同

116—17
divorce 离婚 97,105,111,196
doctrine 教义 xii;共产主义和基督教 157—8
dogma 教条/教义 165;～和残忍 16,17
Dorgan,T. 多根,T. 175,211
Dreyfus,A. 德雷富斯,A. 161
Dunigan,J.F. 达尼根,J.F. 176
Durban 德班 122—3

eclipses 日食/月食 20
ecumenicism,soggy 乏味的普世教会主义 xi
Eddington,A.S. 爱丁顿,A.S. 27
education 教育 xxiv,10,35,40;道德教育 100—1;纽约市学校的课程 xviii—xix
Einstein,A. 爱因斯坦,A. 5,173
Eliot,G. 艾略特,G. 62
Eliot,T.S. 艾略特,T.S. viii—xiv
Ellis,H. 埃利斯,H. 98
emotion 情感 144—5;接受宗教 viii,x—xi,xii—xiv,15—17;相信死后灵魂仍然存活 44—6;哲学和逆境中的安慰 48—56
Encyclopedistes 百科全书派 63
English Test and Corporation Acts 英国宣誓法和市政机关法 208
environment,for children 儿童的环境 96
equality,women's 妇女的男女平等 108
essence,existence and 存在和本质 131—2
eternal punishment 永罚 13—15,29—30
evidence 证据 xxiii—xxiv;反对宗教的意见 26—8

evolution 进化论 32—3
excellence of man 人的优点 45—7
excisemen 税务员 71—2
existence of God 上帝的存在:关于～的论证 见 arguments for the existence of God 关于上帝存在的论证;罗素与科普尔斯顿的辩论 125—52;反对宗教的意见 26—8
experience 经验:实在和～ 52—5;宗教～ 54—5,138—43,150
experiment 实验 137
experts 专家 21—2
expression 表达 xiii—xiv

fact,truths of 事实的真理 127—8
Fairchild,L. 费尔柴尔德,L. 204
family 家庭 29,93,94—8;父权制 107—8
fanaticism 狂热 xxiii,xxiv,117
fathers 父亲 93
fear 恐惧:对死亡的～ 44—5;宗教和～ viii—ix,18,36;正义和～ 38—40
fig-tree 无花果树 15
finance 财政措施 76
First Cause argument 第一原因论证 4—5
First World War 第一次世界大战 91,162—3,186
Flat Earth Society 地平学会 122—3
foreigners 侨民 见 aliens 外侨
Fraenkel,O.K. 弗伦克尔,O.K. 211
France 法国 74—5,76—7,79,80,82
Franciscans 方济各会修士 21
Franklin,B. 富兰克林,B. 72
freedom 自由:学术～ 见 academic freedom 学术自由;精神～ xxiv,18—19;沃尔什论～ 205
Freethinkers 自由思想家 ix—xi,3,

索 引

159；天主教～和新教～ 57—64；基督教和宽容 31—2；正义 37
free-will,doctrine of 自由意志说 32—6
French Revolution 法国革命 65,74—5,77
Freud,S. 弗洛伊德,S. 22
future 未来 50

Gadarene swine 格拉森猪 15
Galilei,Galileo 伽利略 22,123
George III 乔治三世 80
George VI 乔治六世 212
Germany 德国 22,113,120；纳粹主义 144—6,153,162,165
Ghibellines 吉伯林派 62
Gibbon,E. 吉本,E. 57,65,88
Gideonse,College President 吉迪恩斯,学院院长 172
gnosticism 诺斯替教 9
God 上帝：信仰～和基督教 2；定义 125；～的存在 见 existence of God 上帝的存在；作为法则制订者的～ 32
Goldstein,J. 戈尔茨坦,J. 176—7,178,179,186,211
gossip 闲聊 87
government 政府：～形式 117；～职能 117—18；也可见 State 政府/国家
Graham,College President 格雷厄姆,学院院长 172
gravitation,law of 万有引力定律 5
Great Britain 英国 xix－xx
Greek Orthodox Church 希腊正教会 154
Gregory the Great,Pope 教皇格列高利一世 22

habits 习惯 43—4
Haldane,J.B.S. 霍尔丹,J.B.S. 137
hangman 刽子手 86
happiness 快乐 91
Harlan,J.H. 哈伦,J.H. 210
harm done by religions 宗教造成的危害 xxiii—xxiv
Harvard,University of 哈佛大学 211—12
Harvey,G.V. 哈维,G.V. 172
hatred 憎恨 38—40
Hebrew Prophets 希伯来先知 37
Heisenberg uncertainty principle 海森伯测不准原理 136
hell 地狱 3,13—15
hereditary principle 世袭原则 76
Herodotus 希罗多德 31
Hill,A.V. 希尔,A.V. 120
Hillel 希勒尔 162
Hinduism 印度教 xxiv
Hitler,A. 希特勒,A. 153
holiness 圣洁 28
Holmes,J.H. 霍姆斯,J.H. 173
Holy Ghost,sin against the 亵渎圣灵的罪恶 14
homosexuality 同性恋 177,178,194—5
Hook,S. 胡克,S. 173
Huizinga,Professor 赫伊津哈教授 67—9
human laws 人类法则 6
human nature 人性 93,94
humbug,dislike of 厌恶欺骗 91
hunting 追猎 85
Hutchins,College President 哈钦斯,学院院长 172,200,201
Huxley,J.S. 赫胥黎,J.S. 139

ideal moral order 理想的道德秩序 147
immortality 永生/不朽/灵魂不朽 2,

28—30,42—7,51
improvement upon reality 改善现实 87—8
Incarnation 道成肉身 159—60
'indirect influence' "间接影响" 190—4
individualism 个人主义;~的增强对家庭的影响 96—7;灵魂和不朽 28—30
individuals 个人 122—3
inducing a female to reside for immoral purposes 为了不道德的目的而引诱妇女同居 189—90
injustice 不公正 见 suffering 痛苦/苦难
inquiry, discouragement of 阻止探究 156—7
Inquisition 宗教裁判所 16,157
insanity 精神错乱 35
institutions 机构;心理动机 35—6;政府对儿童的照料 98—9
intellectual curiosity 理智上的好奇心 56
intellectual difficulties 知识方面的疑难问题 48—9
intellectual integrity 理智上的正直 154
intellectual objection to religion 对宗教的理智上的反对意见 25—8
intellectual progress 理智进步 21—2
intelligence 才智 26—7,163,164;自由的~ xxiv,18—19
interpretation 解释 xii—xv
intolerance, sources of 不容异说的起源 30—2
iron bridges 铁桥 74—5
Isaacs, S. 艾萨克斯, S. 171
Italian Bowdler 意大利的删书者 69

Italy 意大利 113

James, W. 詹姆斯, W. 59
Jaurès, J. 饶勒斯, J. 162
jealousty 嫉妒 104,107—8,110
Jefferson, T. 杰斐逊, T. 72,78—9, 80—1
Jeremiah, with spectacles 戴眼镜的耶利米 69
Jesus Christ 耶稣基督 21,123;~的品性 11—15;基督教徒和对~的信仰 2;~的教诲的缺点 12—13;~和家庭 29;第二次降临 12—13;~的教导和神性 160;有选择地遵循~的教导 161—2
Jews 犹太人 30,119
Journal of American 《美国人日报》 170
judging 论断/评价 11,21
justice 公平正义 9—10

Kallen, H. M. 卡伦, H. M. 166
Kant, I. 康德, I. 8—9,135,148
Kay, J. 凯夫人 176—7,211
Keats, J. 济慈, J. 52
Keegan, C. E. 基根, C. E. 172,185, 204—5
kindness 仁慈 164
Kingdon, F. 金登, F. 201
Knight, M. 奈特, M. xx
knowledge 知识;获得~的危险 39;新知识和生物学关系的改变 92—101; 性~ 23—4,108,109—11
Knox, J. 诺克斯, J. 58
Kors, A. C. 科尔斯, A. C. x

Lafayette, Marquis de 拉斐特侯爵 74, 77

索 引

LaGuardia, Mayor 拉瓜迪亚市长 169, 171, 208, 209, 210
Lambert, Alderman 市政委员会委员兰伯特 208—9
Lao-Tze 老子 11
law courts 法庭 89;反对罗素的纽约市立学院教职的任命的活动 176—201;阻止对麦吉罕的判决提起上诉 208—11
legislation 立法 xviii
Leibniz, G. W. 莱布尼茨, G. W. 61, 126, 128
Lenin, V. I. 列宁, V. I. 61
liberal democracy 自由民主政治 115—18
liberty 自由 见 freedom 自由
life 生命:死后的～ 见 immortality 永生/不朽/灵魂不朽;具有智力的生命 7—8, 26—8
Life magazine 《生活》杂志 xvii
Liverpool, Lord 利物浦勋爵 82
Llandaff, Bishop of 兰达夫的主教 80
Locke, J. 洛克, J. 116
logic 逻辑 129—30, 151, 152
Louis, St 圣路易 28
Louis XVI 路易十六 77
love 爱情:关于～的典雅的概念 67;性道德 199
Lucretius 卢克莱修 20, 58
Luther, M. 路德, M. 59
Lycurgus 吕库古 142
Lyons, J. J. 莱昂斯, J. J. 171—2, 209

Machette Lectures, Columbia University 哥伦比亚大学马切特讲座 212
majority, tyranny of the 多数派的专制 116—18, 121—3
Manning, Bishop 曼宁主教 168, 173

Maritain, J. 马里顿, J. 184
marriage 婚姻 17, 23, 111, 200;试婚 105, 187, 196
martyrdom 殉难 123
Marx, K. 马克思, K. 161
Mary, Mother of Jesus 马利亚,耶稣之母 29
masturbation 手淫 98, 193, 198—9
materialism 唯物主义 32, 61—2
McGeehan, Justice 麦吉罕法官 178, 203—4, 207, 210, 211;对罗素的纽约市立学院教职的任命的审判 179—201
McGohey, J. F. X. 麦戈伊, J. F. X. 171
McTaggart, J. M. E. 麦克塔格特, J. M. E. 49, 50
Mead, Acting President of New York City College 米德,纽约市立学院代理院长 167
memory 记忆 43—4
mental freedom 精神自由 xxiv, 18—19
metaphysics 形而上学 48—56
Mexico 墨西哥 30
Middle Ages 中世纪 65—9, 118
Mill, James 穆勒,詹姆斯 58, 60—1
Mill, John Stuart 穆勒,约翰·斯图亚特 4, 58
miracles 奇迹 33
misery 痛苦 见 suffering 痛苦/苦难
misrepresentation 编造谎言、颠倒黑白 114;对罗素的著作和看法的歪曲 xx, 176—8, 184—201
missionaries 传教士 88
mobility 流动性 103
modesty 端庄 106
monarchy 君主政体 73

money, sex and 性和金钱 105—6
Monroe, J. 门罗, J. 77
Montague, Professor 蒙塔古教授 201
Montaigne, M. E. de 蒙田, M. E. 德 59—60, 61
Moore, G. E. 穆尔, G. E. 126
Moors 摩尔人 119
moral argument for the existence of God 关于上帝存在的道德论论证 8—10, 143—52
moral objection to religion 对宗教的道德上的反对意见 25—6, 30—2
moral obligation 道德上的义务 146—9, 152
moral perplexities 道德方面的困惑 48—9
moral teaching 道德教育 100—1
morality 道德:天主教～和新教～ 58—60;基督的道德品性 13—15;～和灵魂不朽 45—6;麦吉尔法官对罗素的道德品性和学说的批判 184—200;宗教和～ 62—3, 153—63, 164—5;阻碍进步 17, 22;性道德 102—11, 199—200
More, T. 莫尔, T. 157
Morley, J. 莫利, J. 162—3
Morris, Gouverneur 莫里斯,古费尼尔 77, 78
Moseley, F. S. 莫斯利, F. S. 204
Myers, F. W. H. 迈尔斯, F. W. H. 49, 62
mystical experience 神秘经验 54—5, 138—43, 150

Naboth's vineyard 拿伯葡萄园 155
Napoleon 拿破仑 80
National Council of the American Association of University Professors 美国大学教授协会全国理事会 201
natural law 自然法则:关于上帝存在的～论证 5—7; 对于～的反作用 32—3
nature 性质/自然 136; 新知识和自然 93—4
Nazism 纳粹主义 144—6, 153, 162, 165
necessary being 必然的存在物 127—31
Neilson, W. A. 尼尔森, W. A. 172, 201
New Republic 《新共和》 198
New York Board of Higher Education 纽约高等教育理事会 167, 169—70, 175—6, 204—5, 210
New york City Board of Superintendents of the Board of Education 纽约市教育董事会的学校监理会 xviii—xix
New York City College, prevention of Russell's appointment as Professor at 阻止任命罗素为纽约市立学院教授 xx, 166—212
New York City Council 纽约市参议会 171—2, 204—5, 209
New York State 纽约州 98
New York State Legislature 纽约州立法机关 175
New York Times 《纽约时报》 206—8
Newton, I. 牛顿, I. 5
nice people 正派人 84—91
Nicolson, M. 尼科尔森, M. 200—1, 201
Nietzsche, F. 尼采, F. 46
Nobel Prize for Literature 诺贝尔文学奖 212
North-western University 西北大学 202

nudity 裸体 177,178,193,196—8

objections to religion 反对宗教的意见 25—8
obscenity 淫秽 106
Ogpu "格伯乌" 157
Old Testament 《旧约全书》 79—80
optimism 乐观主义 50
Overstreet,H. 奥弗斯特里特,H. 166

pacifism 和平主义 186
pain 痛苦 25
Paine,T. 潘恩,T. 70—83;《理性时代》 79—80;《人的权利》 75—6;市立学院的学生家长 175
Parnell,C.S. 帕内尔,C.S. 90
paternity,certainty of 获得父亲身份的把握性 107—8
patriarchal family 父权制家庭 107—8
patriotism 爱国主义 29
Paul,St 圣保罗 23
Payne,R. 佩恩,R. 200
Peale,N.V. 皮尔,N.V. xvii
Penal Law, incitements to violate 煽动违犯刑法 188—96
perfect reality 完美的实在 49—55
persecution of Christians 对基督教徒的迫害 30—1
Peru 秘鲁 30
Phelps,P. 费尔普斯,P. 175,185
Philosophes 启蒙思想家 63
philosophy,emotional value of 哲学的情感价值 48—56
physics 物理学 136—8
piety 虔诚 66
Pitt,W. 皮特,W. 70,76,82,83

pleasure 快乐 63;正派人和~ 90—1
Plotinus 普罗提诺 141
Plutarch 普鲁塔克 142
poetry 诗歌 53—5
Poland 波兰 115
policing 治安 86—7
politics 政治 11—12;地方~ 171—2,204—5,209;正派人和~89—90
Polo,M. 马可·波罗 66
population,limitation of 限制人口 41,165
Porphyry 波菲利 141
Portland,Duke of 波特兰公爵 74
poverty,apostolic 使徒贫穷 21
Power,E. 鲍尔,E. 66,69
power,democratic abuses of 民主地滥用权力 118—21
Privy Council 枢密院 3
professional incompetence,accusations of 关于业务能力不行的指责 114
progress, retardation of 阻碍进步 16—17, 21—2,40—1
prophets,Hebrew 希伯来先知 37
Protestantism 新教 20,37—8;~的怀疑论者 57—64
Public Education Association 公共教育协会 201
public opinion 舆论 103
publishers 出版商 174
punishment 惩罚 34—5,155;死刑 86;永罚 13—15,29—30

Quakers 贵格会教徒 80,116

Randall,J.H.,Jr 兰德尔,J.H.,小 174,201
rape 强奸 189—90
rationalism 理性主义 99—101

Rautenstrauch, W. 劳滕施特劳赫, W. 202

reality 现实/实在; 改善现实 87—8; 保护正派人免受现实的影响 86—7; 无时间性的完美的实在和现象 49—55

reason, truths of 理性的真理 127—8

regress of causes, problem of 原因倒退问题 ix

regulation of child-bearing 生育的规章制度 99—100

religion 宗教; ~对文明的贡献 20—41; 宗教中的要素 xii; ~造成的危害 xxiii—xxiv; 道德和~ 62—3, 153—63,164—5; 反对~的意见 25—8; 解决问题的一种办法 153—63; ~战争 115—16

religious experience 宗教经验 54—5, 138—43, 150

religious leaders 宗教领袖 173—4

religious revival 宗教复兴 xvii—xx, 153

Renaissance 文艺复兴 59—60

Revolution of 1688 1688年的革命 75

righteousness 正义 30, 36—41

rigid systems, breakdown of 死板制度的崩溃 64

ritual 仪式 xiv

Robespierre, Cardinal 罗伯斯庇尔, 卡迪纳尔 70, 77

Roman Catholicism 天主教 见 Catholicism 天主教

Roman empire 罗马帝国 31

Roman tradition 罗马传统 67

romanticism 浪漫主义 65

Roosevelt, Mrs F. D. 罗斯福夫人, F. D. 204

Root, Clark, Buckner & Ballantine 鲁特, 克拉克, 巴克纳和巴兰坦 210

Rousseau, J. J. 卢梭, J. J. 169

royal houses, deposed 已被废黜的皇室 22

Rush, Dr 拉什博士 81

Russell, B. 罗素, B. 纽约市立学院论战之后的经历 211—12; 与科普尔斯顿的辩论 125—52; 致《纽约时报》的信 207—8; 诺贝尔文学奖 212; 功绩勋章 212; 被阻止在纽约市立学院任哲学教授 xx, 166—212

Russia 俄国 113, 114, 118, 120, 159; 也可见 Communism 共产主义

safety 安全 10

saints 圣徒 28—9

salvation 救世 158

Santayana, G. 桑塔亚那, G. 61—2

Sartre, J.-P. 萨特, J.-P. 134, 136

Satan 撒旦 140—1

sceptics 怀疑论者 见 Freethinkers 自由思想家

Scholastics 经院哲学家 xxii—xxiii

school curriculum 学校的课程 xviii—xix

Schulman, S. 舒尔曼, S. 203

Schultz, J. 舒尔茨, J. 170—1, 188

science 科学 18; ~和原因 136—8; 宇宙中关于意志的证据 26—8

Scott, W. 司各特, W. 65

second coming of Christ 基督的第二次降临 12—13

second law of thermodynamics 热力学第二定律 27

self-esteem 自尊 36

selling one's possessions 变卖一个人所有的东西 12

Sermon on the Mount 《山上宝训》162

sex 性 29；基督教和～ 22—5,38；传统道德教育和～ 100—1；性道德 102—11,199—200
sexual variety, impulse to 性生活中喜新厌旧的冲动 110
Shakespeare, W. 莎士比亚,W. 50,54
Sheen, Monsignor 希恩阁下 xvii
Shientag, B. 欣塔格,B. 203
Shipley, G. E. 希普利,G. E. 173
Sibley, H. N. 西布莉,H. N. 202
sin 罪/罪孽/罪恶 23,25,94；知识和罪恶 39；信仰纯正和罪 63
Sinclair, U. 辛克莱,U. 202
slavery 奴隶制 22,72
Sluter, C. 斯吕特,C. 69
social utility 社会功利 154—8
social virtue 社会公德 28—9
society 社会：支配个人的～权力 112
Socrates 苏格拉底 13—14,15,123,174
solar system 太阳系 5,7—8
soul, immortality and 不朽和灵魂 28—30,42—7
Spain 西班牙 119—20
Spencer, H. 斯宾塞,H. 63—4
Spinoza, B. 斯宾诺莎,B. xiii
Sproule, President of University of California 斯普劳尔,加利福尼亚大学校长 172,200,201
Stalin, J. 斯大林,J. 165
Stanhope, H. 斯坦诺普,H. 76
State 政府/国家：政府和教养孩子 97—9；日益增强的政府力量和日益减弱和迷信力量 101；不受政府控制的机构 118；婚姻、对孩子的关心和政府 111；心理动机 36；政教分离 xvii—xix

statistical averages 统计学上的平均数 5—6
Stoics 斯多葛派 28
suffering 痛苦/苦难 40—1；宗教造成的痛苦 xxiv, 17；消除不公正 9—10；罪孽和～ 25
superstition 迷信 101,103
syphilis 梅毒 17,23

Tablet, The 《简报》 168—9,204
Tait, K. 泰特,K. xiii
Tead, O. 蒂德,O. 167
temporary childless marriages 临时无子女婚姻 105,187,196
tenets 信条 xxiv
Terrible, The (privateer) 《恐怖号》（武装民船） 71
'Testaments of the Twelve Patriarchs' 《十二族长遗言》 162
theft 偷盗 154—6
theological ethics 神学伦理学 154,160—1
Thompson, D. 汤普森,D. 174
Tilley, B. 蒂利,B. 82
timeless perfect reality 无时间性的完美的实在 49—55
Tocqueville, A. de 托克维尔,A. 德 121—2
toleration 宽容 116,207—8；不容异说的起源 30—2
Toynbee, A. 汤因比,A. xvii
truth 真实性/事实：对真实性漠不关心 156—7；正派人和事实 88—9；宗教真实性 25—8
turning the other cheek （连）左脸也转过来（由他打） 11
Tuttle, C. H. 塔特尔,C. H. 169

United States of America 美国 121；潘恩和～ 72—4,79,80—2；罗素被阻止在纽约市立学院担任教授 xx,166—212；暗中破坏政教分离 xvii—xix

universe 宇宙 5,36,45,120,133；～中关于意志的证据 26—8；太阳系 5,7—8

venereal disease 性病 17,23,164—5

vilification and intimidation campaign 诬蔑和恐吓运动 168—72

Virgin Birth 童贞女之子 159—60

virginity 童贞 23

virtue 美德/公德 15；新教徒关于美德的概念和天主教徒关于美德的概念 59；社会公德被排斥在基督教道德之外 28—9

Voltaire, F. M. A. de 伏尔泰, F. M. A. 德 7,60,61,212

Wall, I. R. 沃尔, I. R. 203

Walsh, F. W. 沃尔什, F. W. 171,205

wars of religion 宗教战争 115—16

Washington, G. 华盛顿, G. 70,74,77—9

Watson, Dr 沃森博士 97

Watt, J. 瓦特, J. 93

wisdom 智慧 15

Wise, J. B. 怀斯, J. B. 173

Wittgenstein, L. 维特根斯坦, L. xiv

women 妇女；基督教和～ 22—3；男女平等 108；小家庭的冲击 96；性和金钱的联系 105—6；正派～ 84—6

Woolf, V. 伍尔夫, V. xiv

Zinoviev letter 季诺维也夫书信 vii

图书在版编目(CIP)数据

为什么我不是基督教徒/(英)罗素(Russell,B.)著;徐奕春,胡溪,渔仁译.—北京:商务印书馆,2012(2024.6重印)
(汉译世界学术名著丛书)
ISBN 978-7-100-09488-7

Ⅰ.①为… Ⅱ.①罗… ②徐… ③胡… ④渔… Ⅲ.①宗教—关系—科学—文集 Ⅳ.①B913-53 ②B561.54-53

中国版本图书馆 CIP 数据核字(2012)第 226201 号

权利保留,侵权必究。

汉译世界学术名著丛书
为什么我不是基督教徒
宗教和有关问题论文集
〔英〕罗素 著
徐奕春 胡溪 渔仁 译

商务印书馆出版
(北京王府井大街36号 邮政编码100710)
商务印书馆发行
北京虎彩文化传播有限公司印刷
ISBN 978-7-100-09488-7

2012年11月第1版　　开本 850×1168 1/32
2024年6月北京第5次印刷　　印张 7⅞
定价:38.00元